中國國家歷史

徐四海 題

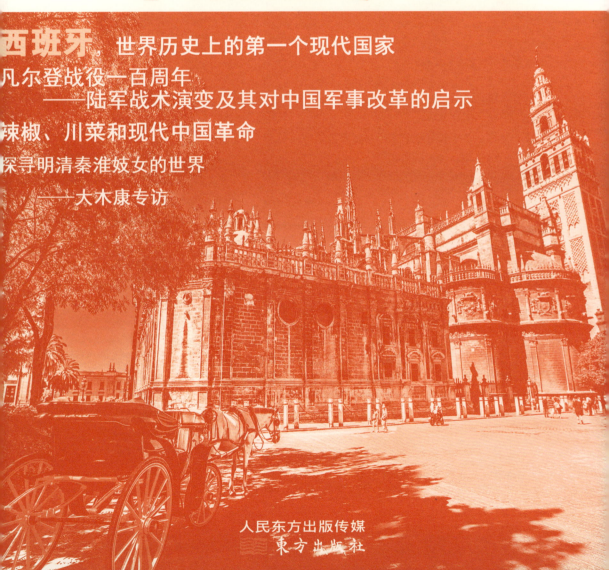

CNH 伍

中国国家历史
CHINESE NATIONAL HISTORY

◎主编 刘军

西班牙，世界历史上的第一个现代国家

凡尔登战役一百周年
　　——陆军战术演变及其对中国军事改革的启示

辣椒、川菜和现代中国革命

探寻明清秦淮妓女的世界
　　——大木康专访

人民东方出版传媒
东方出版社

图书在版编目（CIP）数据

中国国家历史 . 伍 / 刘军主编 . —北京：东方出版社，2016.5

ISBN 978-7-5060-9048-3

Ⅰ . ①中… Ⅱ . ①刘… Ⅲ . ①中国历史 Ⅳ . ① K2

中国版本图书馆 CIP 数据核字 (2016) 第 113998 号

中国国家历史（伍）
ZHONGGUO GUOJIA LISHI （WU）

主　　编：刘　军

出版发行：東方出版社

地　　址：北京市东城区东四十条 113 号

邮　　编：100007

经　　销：新华书店

印　　刷：南京新世纪联盟印务有限公司

版　　次：2016 年 7 月第 1 版

印　　次：2016 年 7 月南京第 1 次印刷

开　　本：787 毫米 ×1092 毫米　1/16

字　　数：160 千字

印　　张：12.5

书　　号：ISBN 978-7-5060-9048-3

定　　价：42.00 元

策　　划：南京师范大学
　　　　　红色历程南京图书有限公司

学术总监：李宏图　　艺术总监：姚　红　　策划编辑：李　斌
组稿统筹：理　源　　责任编辑：杜丽星　　美术编辑：留　卡
封面设计：吴　捷　　版式设计：朱万能
印章刻制：时忠德　　特约编辑：吴晓棠　刘新兵　温作庆　王　茜　孙　洁

编辑部电话：（025）83200848 （010）85175097

如有质量问题，请与印刷厂联系调换，**印刷厂电话：**（025）84546219

目录 | CONTENTS

国家记忆·西班牙

罗马最危险的敌人：布匿战争中的汉尼拔与西班牙基地

文｜南开大学　王菲

西班牙位于欧洲西南部的伊比利亚半岛，地处欧洲与非洲的交界处。其西北面与大西洋相邻，东面和南面与地中海相依，是一个典型的海洋国家。西班牙人用"Les Espan-as"来称呼他们的国家。西班牙国名的由来有多种不同的说法。一种说法认为西班牙一词来源于塞尔特语的"Span"，意为"巴掌"，这是因为西班牙中央地带的形状好似巴掌。但"Spania"这一名称其实是希腊人首先使用，后被罗马人改为"Hispania"。另一种说法是"Espan-as"一词起源于腓尼基语"Shaphan"，意为"野兔"。由于古代迦太基人在伊比利亚半岛海岸一带发现了很多野兔，所以此地被冠以"野兔之国"。还有一种说法认为此词源于希伯来－腓尼基语"Espana"，意为"埋藏"，引申为"矿藏""埋藏的财富"，这是因为伊比利亚半岛盛产金、银、铜等丰富的矿产资源。

西班牙的早期居民是前印欧语系的伊比利亚人，他们可能来自非洲－地中海一带。公元前900年以后，中欧地区的凯尔特人翻越比利牛斯山来到了伊比利亚半岛，在日常生活的交往中逐渐与当地居民融合，在西班牙北部形成了凯尔特伊比利亚人，即后来阿拉贡和卡斯提王国的奠基者。他们当时主要的活动中心是纽曼提亚城。公元前1世纪上半叶，在西班牙南部曾出现过一个塔德斯国，这个国家的人们主要从事开采银铜矿的活动，并与迦太基、希腊、腓尼基有贸易往来，但在公元前500年后塔德斯国逐渐衰败，只存留一些部落酋长国。中部平原地区直到公元前3世纪还未开展农业种植，只有无数小部落各自为政。

埃尔切的贵妇人（公元前4世纪），伊比利亚文化的代表作

　　迦太基是古代腓尼基人在今非洲北部突尼斯建立的国家，存在于公元前8世纪至公元前2世纪。在罗马兴起之前的数个世纪里，迦太基一直是地中海西部一个实力雄厚的国家。公元前6世纪左右，加迪斯的腓尼基人与西班牙原住民伊比利亚人陷入了一场激战之中。迦太基人应其盟友腓尼基人的请求出兵相助，登陆西班牙，由此开始了在西班牙的扩张活动。与此同时，位于亚平宁半岛的罗马正在迅速崛起，于公元前272年统一了意大利的中部和南部，并开始向西地中海地区扩张。两强相争，一场大战在所难免。

　　公元前264年至公元前241年，罗马和迦太基围绕着西西里岛的控制权展开了一场异常激烈的海岛争夺战，这就是第一次布匿战争，也是迦太基试图阻止罗马向外扩张的一次努力。但迦太基在此战中败北，并于公元前241年同罗马签署了和平协定，从此丧失了对西西里岛的控制

大加那利岛的拉卢斯港¹ 埃莉斯奥·梅夫伦·罗伊格 / 绘

1 上图展示了拉伊斯莱塔湾和拉卢斯港（位于大加那利岛东北端附近）的局部景观。该海湾曾为迦太基和罗马船只提供了一个安全的锚地（指舰船抛锚停泊的水域）。

权。罗马无疑是这场战争的最大赢家，不仅获得了巨额的战争赔款，而且进一步扩张了势力范围，实力大增。与此相反，战败的迦太基不仅背负着沉重的战争债务，还失去了战略地位极其重要的西西里岛、撒丁岛和科西嘉岛，实力严重受损。在战争期间，迦太基人不得不停止在西班牙的征服活动，以全力对付罗马人。西班牙的伊比利亚人和玛西尼亚人利用这个千载难逢的机会脱离了迦太基的统治，于是迦太基对西班牙的控制仅剩下沿海的几座城市。

在第一次布匿战争中叱咤风云的迦太基名将哈米

迦太基败北

尔卡·巴卡[1]不甘心败于罗马，决心与之再战一场，一决雌雄。哈米尔卡非常清醒地认识到，经过这场战争和北非的雇佣兵起义之后，迦太基的实力大损，尚未从战争的阴影中恢复过来，无法与实力蒸蒸日上的罗马抗衡。他决定寻觅新的地盘作为向罗马进军的桥头堡，在那里，迦太基可以聚敛财富、重整力量。西班牙因其独特的地理位置和丰富的自然资源被选为进攻罗马的战略基地。其后，迦太基人在西班牙重燃战火，与伊比利亚人展开激战。

公元前 237 年，迦太基政府任命哈米尔卡为西班牙

1 哈米尔卡·巴卡，迦太基将军、政治家，迦太基在西班牙殖民地的开拓者。巴卡家族的第一代领袖，其三个儿子汉尼拔、哈斯德鲁巴和马戈均为名将。

最高军事统帅，率军进攻西班牙的东南沿海地区，随同前往的还有他的女婿哈斯德鲁巴（公正者）和九岁的儿子汉尼拔。据说当哈米尔卡将汉尼拔带到西班牙时，曾让他在祭坛前宣誓：永远仇恨罗马，永远不与它和解。就这样，汉尼拔的父亲把仇恨化作利刃插进了他的心中，永远刺痛着他。

西班牙是一块宝地，有丰富的地下资源和物产。为获取军事资源和战略基地，哈米尔卡侵入西班牙后，一方面攻城略地，另一方面开采矿物，通过贸易增加收入。同时，哈米尔卡还积极在当地招募士兵，补充武器装备。据说，西班牙人冶炼的利剑无比锋利而坚韧，是古代最负盛名的兵器，士兵配备此种作战神器上阵杀敌，可谓是攻无不克战无不胜。但是迦太基人在西班牙的残暴统治引起了当地人的痛恨，伊比利亚人各部落联盟决定共同对付他们。公元前228年的一次战役中，伊比利亚人利用火牛阵击败了迦太基人，哈米尔卡在这次战役中战死。他未完成的使命由其女婿哈斯德鲁巴（公正者）继承。哈斯德鲁巴在西班牙的东南海岸建立了迦太基进攻罗马的战略基地——新迦太基城，并对伊比利亚人改用招抚策略。他试图通过与当地贵族联姻来争取他们的支持。

罗马人起初并没有注意到迦太基在西班牙的扩张活动，因为当时他们的精力都用在了对付高卢人上。但随着迦太基人对西班牙野心的暴露，这一地区引起了罗马的关注。公元前231年，罗马为维护其盟邦马西利亚（今法国马赛）的利益，派遣使臣与哈米尔卡交涉。哈米尔卡辩解称，迦太基所欠罗马款项巨大，经营西班牙也是为了尽快偿还债务。公元前226年，罗马又遣使而来，当时哈米尔卡已死，迦太基的统帅是哈斯德鲁巴（公正者），他与罗马签订条约，应允绝不踏过埃布罗河。此后数年，罗马疲于对付高卢和伊利里古姆，无暇顾及迦太基在西班牙的活动。迦太基人在此期间进一步扩张了势力范围，实力更加强大。公元前221

年，哈斯德鲁巴（公正者）在一次狩猎活动中遇刺身亡，年仅 25 岁的汉尼拔继承了他的事业。

汉尼拔是古代世界杰出的军事战略家。史书中对汉尼拔的童年经历并没有过多的描述，甚至连他母亲的姓氏也不为人所知。据史书记载，汉尼拔有两位弟兄，他们都被培养成军人。汉尼拔家境富裕，从小受过良好的教育，学过多方面的知识，并掌握多门外语。他九岁开始就跟随父亲生活在西班牙，在军营中度过了自己的童年。他在军队中摸爬滚打，像普通军人一样经历了战争的历练。在父亲的精心栽培下，他继任时已经具备了作为一名军事统帅所应具有的胆量和气魄。

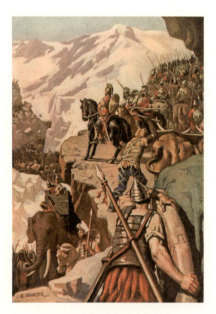

汉尼拔翻越阿尔卑斯山

汉尼拔深知，第一次布匿战争之后，罗马牢牢掌控着海上优势。如果迦太基贸然从海上进攻，势必要遭到罗马强大海军的攻击，一旦失败，便有全军覆没的危险；而罗马对北部意大利的防守比较薄弱，如果从陆路越过阿尔卑斯山直插罗马心脏，便会有出其不意的效果。于是汉尼拔在继任后便积极筹划进攻罗马事宜。为避免将来进攻罗马的时候腹背受敌，他决定首先荡平聚居在西班牙东中部地区的奥尔卡德斯部落。他接连取得数次战役的胜利，在攻占了奥尔卡斯德部落的最大城市阿尔泰亚后，整个部落便投降了。公元前 220 年，汉尼拔发动了对西班牙西北部瓦凯伊人的进攻，又一次大获全胜。他在攻下克阿布卡拉城后，率军返回新迦太基城。此时该地区各部落正筹划联合起来对抗迦太基，集结了十万大军准备血战到底。

塔古斯河之战

当汉尼拔得知这一消息后,考虑到自己军队人数还不及五万,兵力相差悬殊,便没有冒险进攻敌军,而是撤退到塔古斯河,在那里排兵布阵,等候敌军。当敌军正在渡河时,他们没有料到河对岸的迦太基人早已恭候多时,有的士兵还没上岸就被迦太基弓箭手和投石手射杀河中,有的士兵虽已登岸却也很快被战象踏成肉泥。目睹这场惨烈厮杀的部落人在河对岸不敢前行,而后方又不断前拥,致使阵脚大乱,军心涣散。汉尼拔把握时机,向敌方阵营发起猛烈的反击,打得对方溃不成军,四处逃窜。至此,伊比利亚西部的其他部落望而生畏,再无人敢与汉尼拔抗衡。

到公元前 220 年,汉尼拔的控制领域实际上已经覆盖了伊比鲁斯河以南的伊比利亚半岛全境。汉尼拔认为向罗马进军的时机已经完全成熟,此时迫切需要为发动全面战争寻找一个借口,而萨贡托——一个战略地位极其重要而又易于攻破的西班牙小城——是不二之选。

萨贡托位于埃布罗河以南，是西班牙土著部落居住的城市，而且已与罗马结盟。公元前 223 年以后，迦太基不断侵占萨贡托周边地区，这使得萨贡托内部的亲罗马派深感不安。为对抗迦太基，萨贡托不得不向罗马寻求援助。公元前 220 年至公元前 219 年，罗马派遣使者到新迦太基城与汉尼拔交涉，警告他不要妄图染指萨贡托，汉尼拔假装应允。但在公元前 219 年，汉尼拔断定同罗马开战的时机已到，便带兵包围了萨贡托城。城内居民一面向罗马求援，一面奋勇作战，宁死不屈。由于城内守军的顽强抵抗，迦太基军队的攻城武器无法充分发挥其强大功效。萨贡托城守军苦战良久，后因罗马人未及时予以援助，在被围攻的第八个月，城墙终被攻破。城内一些居民不愿接受迦太基所提出的屈辱条件，纵火焚毁家园与城共亡，另一些居民则依然奋勇抗争，直至光荣牺牲。

当罗马得知萨贡托被迦太基攻占后，意识到事态的严重性，于公元前 218 年派使者前往迦太基交涉。使者向迦太基政府递交了最后通牒，要求他们交出汉尼拔，否则就要兵戎相见。迦太基拒绝了罗马的要求，于是罗马使者掀起长袍前襟，做了个褶，微笑着说："我在这里给你们带来了两样东西：战争与和平。你们喜欢什么就自己挑吧！"迦太基人同样高傲地回答："你挑！你挑！"罗马人放下袍子："那我挑战争！"所有在场的迦太基人一致高呼："没问题，我们接受战争！"第二次布匿战争就此爆发。

罗马人

1 普布利乌斯·科尔内利乌斯·西庇阿，古罗马统帅和政治家。他是第二次布匿战争中罗马方面的主要将领之一，因在扎马战役中打败迦太基统帅汉尼拔而著称于世。

在汉尼拔率军翻越比利牛斯山，深入罗马腹地作战期间，西班牙仍是重要战场。公元前 211 年，普布利乌斯·科尔内利乌斯·西庇阿[1]接任西班牙军队统帅之职，他年轻有为、才华出众，外号"非洲的西庇阿"。他转变作战策略，不再深入半岛作战，转而倾其全部兵力进攻迦太基人在西班牙的心脏——新迦太基城。罗马人很快就占领该地。新迦太基城陷落后，迦太基人在西班牙的统治开始土崩瓦解，到公元前 206 年，迦太基人已被赶出了伊比利亚半岛。

由于迦太基对西班牙统治政策的核心是财富，他们所有的活动几乎都集中在掠夺资源与征兵作战上，加之迦太基在西班牙统治时间短暂，因此对当地的生活习俗影响甚微。除了留下大量钱币之外，迦太基在西班牙未曾留下任何碑铭或其他遗迹。

西班牙犹太人的盛与衰：穆斯林与基督教政权交替中的时代缩影

文｜南京大学　李悦

犹太人在西班牙的历史很早就已开始，这个流散异乡的精神共同体在公元前 1 世纪已在伊比利亚半岛上定居，自称"沙发丁"，并将祖先追溯到犹太皇族。公元 1 世纪前后，犹太人反抗罗马起义失败，耶路撒冷的圣殿被毁，许多犹太人为了逃避宗教迫害而离开巴勒斯坦，选择远离基督教化的罗马帝国，前往一些当时尚属"蛮族"的地区，西班牙就是目的地之一。

公元 5-8 世纪，西班牙处于西哥特人统治之下。西哥特人总体对于非天主教徒持打压态度，教会与国家

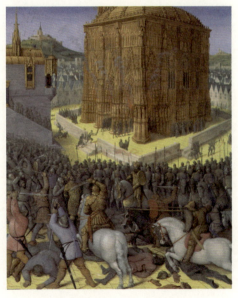

罗马人屠杀犹太人 让·富凯 / 绘

1 柏柏尔人，西北非洲的闪含语系民族，名称源于拉丁语barbari(野蛮人)。639年阿拉伯人侵入埃及。在与阿拉伯人的斗争中，柏柏尔人曾建立两个强大的王朝：阿尔摩拉维德王朝和阿尔摩哈德王朝。

2 萨比教，公元1-2世纪产生于美索不达米亚北部，是一种在原始宗教基础上形成的小宗教，有"拜星教"等名称。

的紧密结合使得主教与教士们既控制着国家公共事务，又负责着人们的信仰问题。西哥特王国自6世纪末到8世纪初，颁布了一系列镇压犹太教的法令，剥夺犹太人的财产，充其为奴，发配到全国各地。对犹太人的打压虽然满足了主教与国王贪求财富的野心，却迫使犹太人谋求与拜占庭人、柏柏尔人[1]结盟，以至于当柏柏尔人攻向西哥特人的大本营时，犹太人反助其一臂之力，加速了西哥特王国的灭亡。此后，西班牙改朝换代，只有西北方的加里西亚、阿斯图里斯、莱昂和纳瓦拉四省还在基督教势力控制之下。

公元8世纪，穆斯林的征服与统治改变了西班牙犹太人的境况：以逊尼派为主要力量的后倭玛亚王朝在西班牙采取的是一种相对平和的统治政策，给予犹太人和基督徒这些"有经之人"（犹太人、基督徒以及赞同一神教的萨比教[2]教徒）以某种程度的信仰自由。

倭玛亚王朝时期的宫殿遗址（1906年） 伯纳德·莫里茨 / 摄

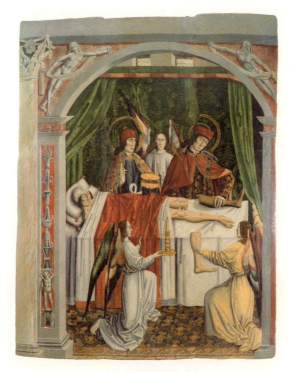

西班牙的基督教装饰画

穆斯林对外扩张与征服多伴随着人身奴役、货物充公以及榨取沉重的贡赋行为，在武力征服之外，也并行着订立契约的征服方式。订立契约的方式一般要判断被征服者是否是"有经之人"，"有经之人"可以通过与统治者订立契约且承担一定的义务而受到哈里发国的保护，而非"有经之人"的偶像崇拜者，则责令他们改宗或格杀他们。接受契约的犹太人属于顺民阶层，需要承认当局统治的权威，通过承担高额的人丁税、土地税、商税、军税（顺民们虽然可以免除军役，但需要缴纳军税以供养军队）、遗产税等来换取较宽容的待遇，即可以拥有信教自由，拥有独立法庭处理内部事务，人身财产受到保护，除了一些涉及政治、军事的职位以外，犹太人所从事的职业几乎不受限制。值得一提的是，犹太人在此时的西班牙有着自己的聚居区，但这与日后欧洲的强迫式隔离不同，是他们自发形成的。

另外，顺民需要履行一些限制性政策。与基督教会对犹太人的迫害不同，穆斯林对犹太人的歧视主要是制定一系列歧视性律法（以《欧麦尔条约》[1] 为基本范例的一系列关于宗教、日常生活、公开活动等方面的法律），令非穆斯林对其不信伊斯兰教感到耻辱。顺民们的社会地位不高，时不时会遭受当众羞辱，即使拥有财富也无法世袭，他们的证言在穆斯林法庭上无效，他们被杀也只能得到金钱补偿，绝不允许进行血亲复仇，即使是金钱赔偿，身价也远低于穆斯林。

总体说来，穆斯林对待犹太人的态度只是一种蔑视，而非仇视，这与基督教的反犹行为有着根本差别。统治者制定的许多苛责条约并非一开始就被认真对待，在阿拉伯帝国最初统治的数个世纪里都没有严格执行，与犹太人打交道的穆斯林大多不会顾忌这些社会与法律方面的障碍，他们雇佣犹太人时往往抛开宗教问题，只考虑其实用价值和专业知识水平。同时，因为基督徒也属于顺民之列，穆斯林对顺民的统治政策一般都与他们同基督教势力关系的紧张程度有所关联。顺民对于穆斯林而言是一个统一整体，所以穆斯林的顺民划分与政策法规都不仅仅是针对犹太人而言，但反之

1《欧麦尔条约》，第二任正统哈里发欧麦尔（584-644年）批准的一项条约，反映了阿拉伯帝国建立之初在征服过程中对待非穆斯林的政策，是伊斯兰传统规范"顺民"地位最基本的文件。

从犹太人身上，可以窥视出穆斯林对待整个"非穆斯林"群体的统治态度。

　　穆斯林的态度立场影响着包括犹太人在内的"非穆斯林"们的发展，中世纪早期的安达卢西亚（来源于阿拉伯语"Al-Andalus"）作为整个欧洲最发达的文化中心，使得三大一神教有着知识、理论、实践和学术的争鸣与交融。同很多一边信奉自己的宗教、一边追逐阿拉伯文化的基督徒一样，犹太人自由地、舒适地夹杂在穆斯林中间，沉浸于阿拉伯—伊斯兰文化之中，采用了阿拉伯人的语言和装束，并依从了他们的风俗习惯，通过与阿拉伯学者们相互借鉴学习，进行包括哲学、科学、艺术等多方面的研究，达到了其历史上的一个辉煌阶段。双方整体呈现出宽容与共生的状态。

　　受到阿拉伯诗歌的影响，这一时期出现了诸多反映世俗生活的犹太诗歌，如"诗歌之王"犹大·哈列维[1]的早期诗歌便是以希伯来—阿拉伯风格的爱情诗为主。西班牙犹太人的希伯来语言学研究也进入了蓬勃发展期，菲利普·胡里·希提[2]便在其《阿拉伯通史》中指出："穆斯林西班牙是希伯来语语法的诞生地。"犹太学者们均使用希伯来语与阿拉伯语双语，《圣经》研究的大部分著作是西班牙的学者们用阿拉伯文所写的，他们吸取前人对阿拉伯语的翻译与分析，从词汇学和语法学的角度考察

1 犹大·哈列维，西班牙籍犹太诗人、哲学家，他的许多诗篇成为犹太祈祷书的组成部分。哈列维的《颂歌》所体现的优美风格和宗教热情为他赢得了"甜美的天国歌手"称号。

2 菲利普·胡里·希提，美国著名东方学家和教育家，毕生从事近东的语言、历史、政治等方面的研究工作，是美国从事研究阿拉伯历史、语言、政治、伊斯兰教及闪族文化等学术领域的开拓者之一。

完成于西班牙的希伯来文《圣经》（1300年）

《圣经》中的希伯来语，这种方法被一直沿用。

同时，与基督教西班牙对犹太人的影响情况进行比较，可以看出穆斯林对于犹太人的影响更大一些。阿拉伯人科学的探索精神和哲学上的理性主义使得犹太人在科学界扮演了重要角色，特别是这一时期穆斯林西班牙的犹太科学与医学尤其活跃。阿拉伯人进行了一系列科学化运动，又与犹太人一起将希腊、罗马的科学作品翻译为阿拉伯文著作，他们的科学思维方式和科学成果被犹太人巧妙吸收。如受到哈里发重用的犹太人哈斯戴·伊本·沙普鲁特[1]（915-970年）曾协助拜占庭学者尼古拉斯将古希腊医学巨著《药物论》翻译成阿拉伯文，而他本人也开办犹太学生科学学校；著名的托莱多历表[2]也是西班牙的几位穆斯林和犹太教天文学家共同观测并研究完成的。

基督教世界从公元4世纪开始已经有各种限制犹太人在非犹太人中行医与研究医学的训令，但西班牙的穆斯林统治者则相对宽容，有些犹太人还当了哈里发宫廷的御医，许多犹太医生把希腊、叙利亚的医书译成阿拉伯文甚至自身皈依伊斯兰教。

除了文化方面的繁荣，犹太人的经济也得到了良好

1 哈斯戴·伊本·沙普鲁特，10世纪的医生，曾服务于两个哈里发，被认为是西班牙最有影响力的人物之一。

2 托莱多历表最重要的内容，就是对托勒密体系作了修正，以一个椭圆形的均轮代替水星的本轮，从此兴起了反托勒密的思潮。其中还对阿拉伯人特有的仪器——星盘的结构和用法进行了说明。

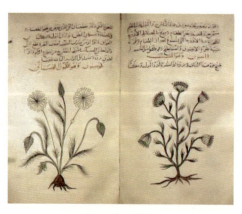

阿拉伯文的《药物论》

的发展。首先，犹太人受雇于包括鞣皮、印染、纺织、缫丝和金属器皿制作业等手工行业，几乎不受限制。同时，他们也在金融系统中有着举足轻重的地位。因为基督教与穆斯林世界的对峙，犹太人因自身的语言能力和商务才能往往在二者之间扮演中介角色，犹太人的上层人士通过在国家担任官职以及为统治者服务而获得一定的钱财，并且通过使用信用状进行地区间贸易，建立起自己的商业网络，在国际贸易中发挥重大作用。当时，积极从事贸易的西班牙犹太人是主要的安达卢西亚进口商，他们出口丝绸、皮革、纺织品、粮食、水果、香料和牛。此外，一些富贵的犹太人还拥有自己的会堂与劳动力，具备了一些早期资本主义的色彩。

除了经济、文化方面的良好发展，还有一些细微方面也体现出了穆斯林和犹太人在习俗和惯例方面的相互交织。例如，犹太人用阿拉伯语祈祷，而不是希伯来语或西班牙语；在进入会堂之时，犹太人会洗手和脚，这是进入清真寺之前要做的事；阿拉伯旋律被用于犹太歌曲；犹太人的服饰是摩尔邻居的风格，不过他们不被允许穿丝绸或毛皮。

当然，在穆斯林统治下的迪米们，也并非一直都受着宽容的对待。

犹太人的服饰

随着 11 至 12 世纪之间基督教势力与伊斯兰教势力的对立加剧，以及统一的阿拉伯王国的分裂，犹太人的境况开始时好时坏。

1031 年，后倭玛亚王朝的哈里发被废除，统一的西班牙阿拉伯王国崩溃，出现了 23 个侯国（也称之为联邦），阿拉伯文化日益衰落下来。总体而言，各个侯国的国王们仍对犹太人比较宽容，他们仍喜于任用一些犹太金融家、政治和外交顾问，犹太学者们也多会受到保护，在卢塞纳的一个塔木德学院还出现了一批最卓越的西班牙《哈拉卡》[1] 研究者。可以说，这一时期的犹太人仍处于活跃期，他们积极参加政治活动，乐于将世俗文化和宗教文化结合，依旧掌握着阿拉伯语和希伯来语这两种必要的语言。

因为西班牙境内的穆斯林占领区守军势力本就薄弱，阿拉伯人的数量也随着统治的持续衰弱而减少。纵使有着 23 个侯国，但这些侯国对基督教西班牙的"列康吉斯达运动"（即收复失地运动）根本无力抵抗，天主教徒们因此获利，日渐把两种宗教文化的分界线向南推进。此后侯国们或屈从于基督教的收复失地运动[2]，或受统治于请来的外援——柏柏尔穆斯林征服者。

新的穆拉比特王朝（1090-1147 年）执政期间极其偏执，明令禁止雇佣犹太教徒和基督徒担任高级管理职务，而且也对一些保持着犹太教信仰并公开反驳伊斯兰教理论的犹太人实施重罚。在有"犹太城"之称的卢塞纳住着诸多犹太富商，穆拉比特统治者有需

1 《哈拉卡》（Halakhah，希伯来语音译，原意为"规则"），是犹太教口传律法的统称，后泛指犹太教所有律法。

2 收复失地运动，是公元 718 至 1492 年间，位于西欧伊比利亚半岛北部的基督教各国逐渐战胜南部穆斯林摩尔人政权的运动。基督教政权的最终胜利使得西班牙、葡萄牙的统治者相信上帝是站在他们这一边的，从而产生强烈的宗教使命感，这也成为西班牙、葡萄牙在美洲、亚洲、非洲开拓殖民地的动力之一。

收复失地运动中的托洛萨之战

要时，就把这些犹太人召集起来让他们出资填补国库亏空。此时的犹太人虽然可以继续工作，但他们必须穿上区分服装，如黄色头巾。之后在宗教狂热派的穆瓦希德王朝（1147—1269年）统治时期，情况又发生了变化，他们实行普遍的宗教迫害，不仅关闭犹太教会堂与学院，而且强迫犹太人改宗，导致西班牙犹太人的境况开始走下坡路，虔诚的犹太教信徒生活艰难。

　　很多犹太人因此选择迁往北部的基督教西班牙，继续从事自然科学研究活动。基督教国王们为了吸引犹太移民，给予他们信仰自由与社区内的司法自治，并让他们担任一些要职，以表彰他们的经济服务与贡献，例如"暴君"佩德罗任用萨穆尔·哈列维·阿布拉菲阿为金融顾问；阿拉贡王国的贾姆一世（1208-1276 年）任用犹太人阿斯特鲁克·波塞尼做自己的书记员和顾问；莱昂王国的阿方索三世和贾姆二世也都任用犹大·波塞尼奥担任自己的顾问。同时，基督教统治者常常赏给犹太人农耕土地，有时甚至把城市中的一些地段分配给愿意在城中定居的犹太人，例如图德拉的犹太区便筑有城墙，承担着保卫国王的责任（不过这种较好的情况后来被教会所破坏）。

此时的犹太人虽然因穆斯林政权的动荡逐渐由盛转衰，但在穆斯林西班牙与基督教西班牙互相斗争时，犹太人因通晓诸多语言，与许多地方有着经济、贸易联系，有时便成为双方争夺的焦点，他们具备的技艺还有一定的被利用价值。因此，在 13 世纪这个黑死病流行时期，虽然

一位神父为黑死病患者祝福

其他地区都已经开始对犹太人进行诽谤和迫害，卡斯提尔和阿拉贡的国王却还在保护着犹太人。

但是，随着西班牙"收复失地运动"的持续开展和穆斯林的节节败退，犹太人的可利用价值日渐减少。同时，在基督教的政权中，尽管皇室对可利用的犹太人有着保护措施，反犹的恶性事件还是时有发生。基督教西班牙的反犹动向是从阿拉贡国彼得三世统治时期开始出现的。1313 年，萨迈拉宗教会议决定犹太人应佩戴徽章识别，规定犹太人与基督徒隔离，基督教西班牙也不再宽容。1391 年还出现了一场反犹大屠杀。在整个 14 世纪末的社会动乱中，约有十万犹太人遇害。

1478 年，一个受控于世俗君主的宗教裁判所，在西班牙王国统一之前已建立起来。宗教裁判所对待犹太人是残忍的，他们秘密地把犹太教徒的财产没收，并将其中一些不服从其责令的人烧死在火刑柱上。总体而言，基督教势力针对的不仅仅是西班牙犹太人，因为在西班牙光复运动中，他们无法分辨出谁是真正的改宗者或归顺者，毕竟有些穆斯林法学家甚至允许一个穆斯林在必要时假装改宗基督教，然后秘密践行伊

14 世纪佩戴标识的犹太人

1 血祭诽谤，是指与事实不相符的指控，其宣称犹太人会绑架并谋杀基督教徒的孩子，并取其鲜血用以犹太宗教仪式，是欧洲人对犹太人迫害言论的一部分。

2 费迪南，阿拉贡国王，称费迪南二世。1469年，与卡斯蒂里亚王国公主伊莎贝尔结婚。1479年，费迪南继承阿拉贡王位，阿拉贡与卡斯蒂里亚合并，为近代西班牙奠定了初步基础。

斯兰教。犹太教在这方面的态度也有雷同，所以，宗教裁判所对待这些难以判别身份的群体，都是残忍的。1490-1491年又出现了典型的"血祭诽谤"[1]，犹太人"在酷刑审讯下被迫承认：他们曾在犹太总拉比的知情下，在一座山洞中集会，把圣童拉加蒂钉死在十字架上，辱骂他，往他脸上唾口水，一直把他折磨到死"。这可谓无中生有地对犹太人进行打击。

伴随着收复失地运动开展的还有西班牙的基督教化。基督教化主要针对的敌手是穆斯林，但犹太教作为异教，也被列入同化或者强迫改宗的范围。1492年，天主教双王（费迪南[2]国王和伊莎贝拉女王）征服了穆斯林统治的格拉纳达，十字架最终取代了新月。完成西班牙收复失地运动后，费迪南与伊莎贝拉两位天主教西

费迪南国王

班牙的最高统治者，于3月31日正式下令驱逐犹太人。作为"永恒的外邦人"，历史上的犹太人遭受了无数次驱逐，而1492年发生在西班牙的驱逐是规模最大的一次。关于这次驱逐的目的，有人说是为谋求犹太人的财富，有人说这是一次对异教徒的清除，或对其他文化的排除。若从结果来看，西班牙境内几大宗教群体和睦共处的历史彻底结束了，西班牙也因此被冠以"不宽容"的名号。

当时有一个意大利犹太人对被驱赶出西班牙的犹太人作了这样的描述：许多流亡者去了伊斯兰国家，去了突尼斯国王统治下的非斯和一些柏柏尔省份。穆斯林不允许犹太人进入他们的城市，许多人死于饥饿，还有许多人因精疲力竭而卧倒在城外时被猛兽所吞噬。可见犹太人生活

在如今西班牙的格拉纳达，诸如阿布兰拉宫这样的穆斯林遗留建筑，被完好地保存了下来，昭示着西班牙过去的历史，也充分展现着中古时期穆斯林建筑的艺术风格

情况之恶劣。

　　随着政权的更迭，犹太人在西班牙的繁盛历史戛然而终。在穆斯林统治下的西班牙，犹太人与穆斯林之间形成了一种宽容共生的关系，构成了一个犹太流散地文化的独特模式和辉煌篇章。较之于穆斯林统治下的犹太经济、文化的繁荣，1492 年的驱逐往往更是被形容为反犹主义的符号性象征。对于犹太人从经济、文化的繁荣最终走向被彻底驱逐，我们或许应该把穆斯林统治下的犹太繁盛期与基督教的反犹主义分割开来，把犹太人放在西班牙历史上两种不同文化的交替中来审视。

西班牙，世界历史上的第一个现代国家

文｜南京师范大学　汤怡枫

从臣民到国民——西班牙是欧洲第一批民族国家之一

对于西班牙而言，15 世纪可以说是一个具有重大意义的历史时期。这一时期，在意大利萌发的文艺复兴运动在欧洲范围内不断扩张，涉及的领域也相当广泛。西班牙统治者借助人文主义时期的科技积累，大力支持环球航行，成为开辟新航路的急先锋。然而，纵观当时的欧洲世界，西班牙地处欧洲西南边陲的伊比利亚半岛，相较其他西欧国家是比较落

15 世纪的西班牙舰队

后的，但是，率先向外扩张、开辟新航路的不是那些资本主义较为发达的意大利、荷兰、英国和法国，而是西班牙。这与西班牙在这一时期所完成的收复失地运动是分不开的。

公元 711 年，一支主要由柏柏尔人组成的穆斯林军队越过直布罗陀海峡，开始了对伊比利亚半岛的统治。至 718 年，阿拉伯人占领了半岛上除加利西亚、阿斯土里亚和巴斯克等山区以外的大部分地区。从这时起到 15 世纪末，伊比利亚半岛的基督教徒为收复被伊斯兰教徒所侵占的土地而进行了长期的斗争，这场长达 800 年之久的斗争运动在历史上被称为"收复失地运动"。

收复失地运动是伊比利亚半岛上延续整个中世纪的最重大的历史事件，它决定着伊比利亚半岛的社会发展进程，并形成了与其他西欧国家不同的显著特点。其中最为突出的莫过于，经过长期的收复失地运动，伊比利亚半岛上的基督教国家葡萄牙和西班牙逐步形成了比较强大的王权，实现了政治统一，最终成为统一的民族集权国家。

民族国家（nation-state），对 16 世纪以前的欧洲人来说，还是一个很陌生的概念。当时，大多数人并不像今天这样，认为自己属于某一个民族。他们很少离开自己的村庄，对外面的世界也所知甚少。他们以自己所属的庄园或庄园领主来标识自己。

欧洲中世纪时期，所谓国家的最高统治者——国王只拥有象征性的权力，并无法控制整个国家。地方的封建领主对地方有着强大控制力，国王对封建领主的依赖，大于领主对国王的。因此，一国之中的法律和惯例从一个地区到另一个地区变化很大。

收复失地运动的成功，除了阿拉伯国家自身的分裂和国际十字军的援助外，主要得益于这场运动具有民族解放斗争的性质，反对阿拉伯人的侵略和奴役成为全民族的需要，半岛上的社会各阶层都支持这一斗争，并投身到斗争的洪流中去。这样，在收复失地过程中，增强了半岛上基督教诸王国的民族意识，为统一奠定了基础。

14、15世纪，随着收复失地运动接近尾声，葡西两国开始按照大致相同的途径向统一的民族集权国家转变。就像中世纪末期在欧洲其他地区出现的情况一样，伊比利亚半岛也经历了封建制度的瓦解和民族国家产生的历史进程。不过在伊比利亚半岛上，这种历史进程同

欧洲封建领主

欧洲其他地区的情况很不一样，而且比欧洲其他地区来得更早。

由于南征的攻势和缓，教会、大领主和骑士增加收入的来源枯竭，统治集团间的内争和农民起义，使国家处于分崩离析的状态，统治阶级为了自身的利益必须加强王权。1479年，阿拉贡国王费迪南和卡斯提尔女王联姻，将其领土置于同一个国王的统治之下，全体人民在统一的规则下行动，统一的西班牙王国形成。由于"卡塔卢尼亚族和加斯梯亚族的统一"，西班牙才"形成民族国家"。

国家的统一，又为王权的加强提供了有利条件。国王依靠城市、小贵族和教会同一部分坚决反对统一的大贵族进行了顽强斗争，摧毁了他们的政治和军事力量，剥夺了他们很大一部分自治权，从而削弱了地方

割据势力。同时，教会也服从于王权，骑士团只属于国王，其广大地产被没收。政权的巩固花费了很长的时间，在这过程中有时也需要暴力。

民族国家的出现，是欧洲早期现代化的一个标志。君主鼓励自己的臣民对新成立国家"效忠"，开始有了民族主义的萌芽。西班牙在收复失地运动中建立起了统一的民族集权国家，自此，开始作为一个全球性大国登上历史舞台，这也为其早期海外扩张提供了一个基本的前提和政治保障。

西班牙骑士

从割裂到连通——西班牙开辟新航路时的国际背景

在漫长的古代，我们生活的欧亚板块是由相对隔绝的三个中心所构成，分别是东方的中国、南亚的印度和西方的地中海世界。其中，地中海世界指南部的北非、东部的西亚和北部的欧洲。

欧洲和亚洲之间很早就存在贸易往来，15 世纪以前东西方商路主要有三条：一条是完全的陆路，由中亚沿里海和黑海沿岸到达小亚细亚，其余两条则海陆并用。这三条商路最后都汇聚于地中海东部沿岸地区，东方商品一般首先运抵此地，然后转运欧洲。然而，15 世纪中叶以后，奥斯曼帝国控制了亚欧商路枢纽，传统的东西方贸易虽未完全中断，但土耳其人的横征暴敛，加之长期战争，正常的商业秩序破坏殆尽。从此，东方运往欧洲的商品数量急剧减少，价格却迅猛上涨。欧洲上层社会一贯视东方奢侈品为生活必需品，不惜高价采购，由此导致贸易严重入超，财政不堪重负，各国遂纷纷采取行动以争取开辟通达东方的新航路。

　　15世纪西欧各国商品经济的发展和资本主义生产关系萌芽的出现，导致自然经济日趋解体，作为普遍交换媒介的货币，不仅是社会财富的主要象征，而且也日益成为衡量社会地位和权力的重要标志。社会各阶层人士无不醉心于寻求黄金和财富。莎士比亚曾这样写道："黄金，这人尽可夫的娼妇！它会使黑的变成白的，丑的变为美的，邪恶的变为合法的，卑贱的变为高贵的，老迈的变为少壮的……"然而，欧洲贵金属产量本来就不高，15世纪改行金本位制后，黄金成为国内外贸易的唯一支付手段，需求量急剧增加。更因与东方贸易时出现了巨额逆差，遂使黄金、白银大量外流，西欧市场货币普遍短缺。也就是在这一时期，夸张渲染东方富庶和繁华的《马可·波罗行纪》在欧洲广为流传，进一步刺激了欧洲人的贪欲。

　　出于贸易往来等缘由，15世纪，莫卧儿帝国统治下的印度和明王朝统治下的中国在海上航行方面十分发达。此时的中国是世界上最强大的国家，完成了郑和七下西洋的壮举，并通过瓷器、丝绸控制着世界贸易网络的中心。

　　与此相比，15世纪的西欧国家中，

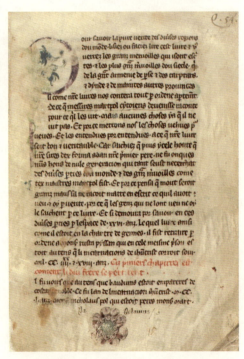

《马可·波罗行纪》现存最古老的版本之一（残页）

后来的世界性强国——英国，尚未统一。都铎王朝时期，苏格兰仍是一个独立的国家，英格兰、威尔士也只是由英国君主统治的公国。到 1536年英格兰和威尔士完成了统一，爱尔兰虽然名义上由英国统治，但实际处于半独立状态。法国在百年战争后元气未复，德意志地区和意大利的亚平宁半岛仍处于四分五裂之中。这些国家都还自顾不暇，无暇海外扩张。只有在收复失地运动中最早实现国家统一的葡萄牙与西班牙，开始积极寻找通往东方的海上"新航路"。鉴于两国在航海上的特殊地位，有学者还生动地将它们比喻为欧洲突出在大西洋上的两颗门牙。

白银时代——西班牙是全球经济的开端

中世纪晚期，西欧封建制度内部矛盾重重。随着宫廷开支的上升和官僚体系的膨胀，各国政府在财政上常常捉襟见肘，它们迫切需要寻找新的财源。在这种情况下，西欧各国君主先后支持开辟新航路，大力向海外扩张，不少封建贵族和骑士成为第一批殖民者。同时，只有强大的中央集权政府才能满足开辟新航路所需的人力、物力和财力等各方面的条件，所以开辟新航路基本是在政府支持下的航海活动。

意大利热那亚人哥伦布热衷航海事业，坚信东方各国就在大西洋彼岸。他认为越过大西洋前往东方的航线，要比绕行非洲的航线近得多，于是他制订了航行计划。经多方努力，哥伦布争取到西班牙政府和大贵族的资助，1492 年 8 月，他指挥 3 艘小船首次横渡大西洋，最终发现了美洲。

西班牙的美洲殖民地在 16 世纪上半叶初步形成。西班牙利用廉价的工业制成品，如纽扣、天鹅绒、纸张等，通过不平等的交换方式从拉美印第安人那里榨取金银、贵重器物和农牧产品，获利极为丰厚。据统计，从 1503 年到 1660 年，来自秘鲁等地的 18.5 万千克黄金和 1600

开辟新航路的哥伦布返回西班牙

万千克白银被运到塞维利亚港，白银的数量超过了欧洲白银储备的三倍，这其中还不包括走私的。此后的麦哲伦航行于1520年到达了菲律宾，且找到了金矿进行大规模的开采。这样，"财富历史性地集中到西班牙一边"，使其国库比任何竞争对手都丰盈。

这些货币财富刺激了西班牙工商业的发展，如塞维利亚成为呢绒工业中心，托勒多的丝织工业等也都得到迅猛发展。同时也无形之中将原来被伊斯兰世界割裂的三大洲重新联合起来，建立了美洲出金银，中国出商品，最后由欧洲购买的新型世界体系，改变了以往欧洲出金银，中国出产品，沿路国家收过路费的世界体系。

随着来自殖民地的贵金属大量流入，不仅是西班牙，甚至整个西欧市场的金银持续贬值，商品价格直线上升，带来所谓的"价格革命"。据统计，1521至1544年间，西班牙每年从美洲殖民地掠得黄金2910千克，白银 30700 千克；1581 至 1600 年间这两个数字分别增至 4330 千克和 374600 千克。西班牙是当时贵金属流入最多的国家，通货膨胀也最为明显。价格革命加速了社会的分化。封建地主因收取定额的货币地租，实际购买力大不如前，经济上常常入不敷出，财力和地位进一步下降。只有资产阶级和资产阶级化的贵族获益匪浅，经济实力迅速增强。因此，价格革命是西欧资本主义原始积累的一个重要组成部分，刺激了欧洲资本主义的出现。

为了更好地进行殖民剥削，西班牙政府在美洲建立种植庄园，通过殖民地的开垦种植，以掠夺农副产品的形式剥削殖民地人民。另一方面，美洲经济、粮食作物等开始向欧亚大陆的传播，在一定程度上也改变了人们的饮食结构与"生活习惯"，甚至为那里人口的增加提供了重要条件。他们培育出来的玉米、西红柿、甘薯、南瓜、菜豆、马铃薯、辣椒、花生、向日葵等，后来经欧洲殖民者传播到世界各地，对丰富人类的饮食文化做出了重大贡献。16 世纪以来，这些农作物不知拯救了多少欧亚大陆饥民的生命。现在我们夏天农贸市场上的最主要的菜蔬就是它们。

16 世纪时，西班牙人从南美洲引进西红柿，后来传入摩洛哥。意大利商人再把西红柿带回意大利，并把它叫做"摩尔人的苹果"（意思是产于西班牙的一种"苹果"）。法国人在引种时，误将意大利语"deiMoro"理解为法语的"d'amour"（爱情的），"摩尔人的苹果"就变成了"爱情的苹果"。德国人也这么称呼它。现在西方人还是把长得好看的说成像西红柿；难看的，尤其是有毛病的，说成像柠檬。

雪茄传说起源于古巴。1492 年 10 月 12 日，哥伦布率领他的"圣玛利亚"号抵达中美洲巴哈马群岛，看见土著用独木舟运载晒干的"树叶"，非常好奇。水手们获悉，他们来到了土语称为"Colba"的岛屿，那些晒干的"树叶"名为"cojoba"。印第安土著把这些树叶捆为一团，

印第安土著 玛纽埃·玛丽亚·帕斯 / 绘

用火点燃，便产生浓郁奇特的香味。他们以竹管啜食这些浓烟，这种行为就叫做 "sikar"（西班牙文拼作 "cigarro"，慢慢就有了 "cigar" 雪茄烟和 "cigarette" 香烟、卷烟）。哥伦布的水手们把吸烟的习惯带回老家，烟草开始传到欧洲。

当然，物种的交流是彼此相互的，旧大陆也给新大陆带去了许多

哥伦布

"新"物种。哥伦布第二次去美洲时，在国王的建议下，他带着 20 名农民和一个精通农田水利建设的工程师去开发可耕地，带着稻、麦等种子以及葡萄藤和甘蔗苗。随着物种交流的日益密切，新旧大陆之间的文化交往也逐步加强，也正是从这个时期开始，欧洲逐渐领先于中国、印度等同时代强国。

世界上第一个"日不落帝国"西班牙的哈布斯堡王朝

1496 年西班牙女王储胡安娜与德意志哈布斯堡家族的腓力进行了联姻，这一次联姻也被称为"最富有深远意义的联姻"。其子查理五世于 1516 年继承西班牙王位，是为卡洛斯一世，自此，正式揭开了西班牙哈布斯堡王朝的序幕。到 1556 年查理五世之子腓力二世继承王位时，其领地不但遍及西欧，而且也包括了加勒比海上的许多岛屿。可以说，西班牙是在哈布斯堡王朝的统治下进入黄金时代并成为世界第一个"日不落帝国"的。

随着新航路的开辟，白银大量涌入西班牙国内，促进了工商业的发展，于是，西班牙迅速建立起欧洲乃至世界上最强大的海军以保护其金融资产，即西班牙无敌舰队。同时，哈布斯堡王朝时期的西班牙也成为规模空前庞大的帝国。除了地域广阔的拉美殖民地以外，西班牙在欧洲也辖属尼德兰、南意大利、奥地利、匈牙利、德意志等国的大片领土，甚至一度吞并过葡萄牙，成为欧洲真正的霸主。

继哥伦布 1492 年到达美洲后，1497 年，达·伽马航行到达印度，

1522 年麦哲伦率领的船队完成了环球航行，随后荷、英、法等其他西欧国家也逐步开始发展海外贸易，在 17 世纪以后这些国家登上殖民舞台，成为"后起之秀"，为西欧的商品找到了新的市场，并把自己的触角伸向全球各地。彼时欧洲的优势可以说是由西班牙奠定的，源自哥伦布的远航，并由此开始建立了一种新型的资本主义世界体系。因此，从这一层面而言，西班牙是世界历史上的第一个现代国家。

麦哲伦

被一个小女人击败——西班牙的衰落

尽管 15 世纪以来，西班牙因海外事业而富甲天下，但其资本主义经济却未能真正发展起来。其殖民扩张与掠夺的结果是"为他人作嫁衣裳"，种种因素导致西班牙在竞争中不可避免地走向衰落。

与此同时，英国开始进入伊丽莎白一世的统治时期，逐渐走向崛起。英国人仿照西班牙进行殖民扩张，并做起了海盗的勾当，时常抢劫西班牙的货运船，这些都极大地损害了西班牙人的利益。一场不可避免的海上冲突就此拉开了帷幕。

1568 年，苏格兰发生了一场政变，玛丽女王逃亡到远房亲戚伊丽莎白女王处，但她没有想到，自己一到英国就遭到伊丽莎白的软禁。西班牙国王腓力二世对玛丽·斯图亚特垂青已久，因此，当得知她被囚禁以后，自然是全力营救。当时的英国由于推行新政，伊丽莎白正遭到英国天主教上层分子的反对，借此机会，腓力二世联合英国国内的天主教势力发动了一场声势浩大的武装暴动。这次暴动遭到了伊丽莎白的残酷镇压，腓力二世企图救出玛丽的计划也落空了。但他并没有死心，屡次派间谍刺杀伊丽莎白，工于心计的伊丽莎白每次都能逢凶化吉，她也越来越明白，只要玛丽不死，腓力二世绝对不会罢手，但要立即处死玛丽，腓力二世又会马上挑起战争，她为此举棋不定。

就这样过了 20 年，英国国务大臣终于成功地将间谍安插在玛丽身边，掌握了她和阴谋分子的秘密信件，伊丽莎白就以谋杀罪，在 1587

无敌舰队的覆亡

年 2 月将玛丽处死。

玛丽的死震惊了欧洲天主教会，教皇马上颁布诏书，号召天主教徒同英国作战，首先响应的就是西班牙国王腓力二世，他用了整整一个夏天集结了一支庞大的舰队，号称"无敌舰队"。

1588 年 7 月，"无敌舰队"从西班牙西北的一个港口起航，130 艘战舰首尾相连，向英国海域进发。伊丽莎白派舰队迎战。在兵力上处于劣势地位的英军出人意料地击溃了"无敌舰队"。自此，西班牙的海上霸主地位逐渐被英国取代。可以说，这场战役的胜利，伊丽莎白女王功不可没，为了纪念这位"处女国王"，英国人将 17 世纪新建立的美洲殖民地命名为"弗吉尼亚"，意为"处女之地"。

至 18 世纪中叶，法国成为欧洲大陆霸主，荷兰人主宰了海洋，英国奋起直追，形成荷、英、法争霸的时代，世界上第一个"日不落帝国"西班牙逐渐走向衰落。

最早的法西斯政权：内战时期的西班牙

文 | 南京大学　贾凯月

16 世纪的西班牙，是世界上最强大的殖民帝国，其殖民地遍布全球，因此 16 世纪也被称为"西班牙的世纪"。然而它并没有享受多久超级帝国的荣耀，1588 年英西战争时，西班牙"无敌舰队"受到英国皇家海军重创，几乎全军覆没，此后，西班牙逐渐衰落，丧失了海上霸主地位。

到了 19 世纪上半叶，拉丁美洲的民族独立运动风起云涌，西班牙的殖民统治遭到沉重的打击。在国际舞台上垂死挣扎的西班牙在 1898 年的美西战争中，以失败而告终，几近丧失所有的海外殖民地，至此，西班牙国际大国的地位已不存在。伴随着国际地位的下降，西班牙国内的局势也是山雨欲来！

1873 年，西班牙爆发资产阶级革命，建立了第一共和国。但共和国仅存在一年，封建保皇势力便扶植波旁王朝在西班牙复辟。1931 年马德里红旗飘扬，西班牙革命爆发，第二共和国建立。刚在革命中发生政权更迭的西班牙还未缓过气来，便卷入到经济危机的漩涡之中：西班牙的社会经济濒临崩溃，民众苦不堪言，国内动荡不安，各种意识形态的政治力量相互较量。1933 年，西班牙右翼激进共和党在选举中胜出，总统勒鲁斯宣布取消前任政府的各项改革措施，并大量逮捕异己者，之后的两年被称为"黑暗的两年"。1936 年 2 月，"人民阵线"左翼联盟[1]在选举中获胜，右翼转而通过暴力和阴谋的手段推翻共和国，西班牙政局一片混乱。

1936 年选举失败之后，西班牙独立右翼政党联盟中的部分青年加入了长枪党[2]。长枪党人数激增，在西班牙国内的地位上升，同时，以何塞·桑胡尔霍、埃米里奥·莫拉为首的一批高级军官正在酝酿着更大的军事阴谋，暴力充斥着西班牙，一场腥风血雨即将到来。

"整个西班牙晴空万里"，这是西班牙在非洲的

西班牙内战的预兆　达利／绘[3]

1 西班牙"人民阵线"左翼联盟建立于 1935 年 10 月，是由西班牙共产党与其他左翼联盟组织联合而成，包括西班牙共产党、社会党、无政府主义者等。

2 长枪党是由何塞·安东尼奥·里维拉于 1933 年 10 月创建的独裁民族主义团体。何塞·安东尼奥·里维拉是西班牙独裁者米戈尔·里维拉将军的儿子，西班牙内战爆发后，他被政府逮捕并处死，之后，佛朗哥成为长枪党领袖。

3 左图为西班牙画家达利于 1936 年所画。画中蔚蓝的天空下乌云密布，象征着黑暗与压抑的到来。面对狰狞的人体以一种扭曲的姿势被肢解，象征着受难的人民，大地上还裸露着内骨骼和内脏。这个扭曲的肢体也象征着西班牙内部矛盾激烈，内战一触即发。

1西班牙外籍军团成立于1920年，最初建立的目的是保护西班牙在摩洛哥的权益。军团的外籍比例不到四分之一，大多数还是西班牙人。1922年佛朗哥成为军团总司令，这支军团在西班牙内战中冲锋陷阵，成为佛朗哥反叛势力的中坚力量。

殖民地——摩洛哥的休达电台播出的一条广播，同时，也是一则叛变暗语。1936年7月17日深夜，弗朗西斯科·佛朗哥和埃米里奥·莫拉控制的驻摩洛哥和加纳利群岛的西班牙殖民军，正是在听到这条广播后发动了叛乱，西班牙内战爆发。交战双方分别为国民反叛军与政府共和军。西班牙国民军包括长枪党党员、民族主义者、保皇派人士、反共产主义者、非洲殖民地的西班牙外籍军团[1]等，共和军一方主要是政府军、民兵组织与国际纵队等。内战爆发后，政府共和军在西班牙本土占据了主动地位并封锁了西班牙沿海地区，

正在演讲的佛朗哥

在摩洛哥的佛朗哥虽拥有精锐的陆军部队，但是却无法深入到西班牙本土作战。为改变这种不利的局面，佛朗哥向德、意寻求紧急支援。

德、意之所以干涉西班牙内战，是因为西班牙的战略地位至关重要。西班牙所在的伊比利亚半岛西临大西洋，东濒地中海，北与法国陆地接壤，南扼直布罗陀海峡。西班牙的矿产资源丰富，拥有优质的铁、锌、铅、煤等战略物资。对于意大利而言，墨索里尼早就有占领西班牙巴利阿里群岛[1]的念头，更妄想把地中海变为"意大利湖"。对于德国而言，希特勒组建的德国空军此时已羽翼丰满，正好可以在西班牙上空一试身手。佛朗哥的求援与德、意法西斯的干涉意愿一拍即合。

7月30日，一场名为"魔火"的军事行动开始了，德、意的运输飞机频繁穿梭于摩洛哥与西班牙本土的狭长地带，将佛朗哥主力部队的非洲军团空运至叛军占领的西班牙本土南部。大批的武器弹药也接踵而至，德、意最早加入了这场"斗牛赛"。

战争爆发时，西班牙大部分空军由政府军控制，在平叛初期有效地配合了地面作战，打击了叛军的进攻计划。但是随着德、意的武装干涉，情况开始逆转。迫于形势，西班牙第二共和国政府向国际社会请求援助。英法两国担心苏联共产主义的扩张威胁超过德意法西斯，再加上对国内恐战情绪的考量，奉行不干涉政策，决定不援助交战的任何一方，更荒谬的是在1936年9月于伦敦成立了不干涉委员会。美国表面上继续贯彻

1 巴利阿里群岛，地处西地中海。公元前5世纪巴利阿里群岛由迦太基人统治，公元120年左右落入罗马人之手，公元534年被拜占庭帝国夺取。后被阿拉伯人侵扰并占领，又为西班牙人征服，1344年并入阿拉贡王国。18世纪时，西班牙、英国和法国为争夺此地而交战，1802年归属西班牙。

1 苏联也是不干涉委员会的成员，因此，苏联援军是作为志愿军支援西班牙人民的。苏联在西班牙内战中向共和军提供了坦克，这是一战后第一次规模化地使用装甲力量作战。

2 20世纪从某种程度上来说是政治宣传的世纪，西班牙内战是政治海报创作的一个高峰期。海报作为当时重要的宣传途径，一方面可以揭露敌人的罪行，引导舆论，另一方面可以凝聚向心力，鼓舞士气，西班牙内战中交战双方也都进行着各自的政治宣传。图片描述的是一个骷髅头状的军人，身上带有德国纳粹党和意大利法西斯党的标志，这个人就是西班牙叛军头目佛朗哥，在其身后的三个小人分别是军人、教士和地主，他们是佛朗哥的主要依靠力量，海报上方的文字涵义是佛朗哥自封的头衔"大统帅"。骷髅头象征着死亡，这幅海报的寓意是佛朗哥是德、意法西斯的同伙，给西班牙带来了死亡与灾难。

《中立法》，但其军火商、石油公司却为佛朗哥运送了大量的武器装备与石油。苏联是共和国政府的主要援助者，向其提供了军事顾问、技术人员等大批志愿军[1]以及飞机、坦克等战略武器。此外，共产国际还向世界人民发起号召，组织志愿军奔向马德里，支援西班牙人民的斗争，"将西班牙变成欧洲法西斯的坟墓"（国际纵队的募兵口号）。西班牙内战逐渐演变成多股势力的竞技场。

西班牙内战中共和国政府印发的宣传海报[2]

来自 54 个国家的进步分子先后来到西班牙，组成了 3.5 万人的战斗部队和 2 万人的医疗队，这就是著名的"国际纵队"[1]。其中，法国志愿者最多。此外，还有赫赫有名的德国"台尔曼纵队"、美国"林肯纵队"、意大利"加里波第纵队"、波兰"东布罗夫斯基纵队"等。在参加国际纵队的志愿军中，有一百多名华人志愿者，他们大多是侨居欧美各国的华工或知识分子，他们从法国、荷兰、德国、美国等国家来到西班牙，被分配在不同的国际纵队中，与来自其他国家的志愿者并肩作战。国际纵队的志愿者们虽然语言不通，肤色不同，但是他们为自由与和平而来，誓与法西斯抗争到底。

周恩来、朱德和彭德怀同志送给参加国际纵队的中国志愿军战士的锦旗

1936 年 11 月 8 日，第一支国际纵队高唱着《国际歌》来到马德里。马德里保卫战是内战中最为艰苦的一场战役，也是国际纵队第一次亮相的"舞台"。"……我自愿来到这里，为了拯救西班牙和全世界的自由，如果需要，我将献出最后一滴血"（国际纵队的志愿军战士入伍时宣读的誓言），国际纵队的志愿军们在马德里保卫战中浴血奋战，以大无畏的国际主义精神援助西班牙人民，抵抗叛军的进攻，在这片土地上献出了自己最热忱的生命。马德里的居民也与共和军、志愿军一起积极防御，街道上出现了"不准法西斯通过""马德里将是埋葬法西斯的坟墓""誓死保卫马德里"

1 1936 年 8 月法国共产党领导人最早提出了组建国际纵队的构想，9 月 18 日，在莫斯科召开的共产国际执行委员会会议上通过了组建国际纵队的决定，国际纵队的国际招募中心设在巴黎。

共和国政府印发的"不准法西斯通过"的宣传海报

等标语，当时的马德里"街道上有很多壁垒，全部出租汽车都被征用去作军事运输……一些工人在紧张地修理被炸坏了的道路和煤气管道。到处都是口号与标语，号召居民奋力抵抗，直到流尽最后一滴血"。马德里的成功防守挫败了佛朗哥叛军的进攻，但也加紧了交战双方对于城市制空权的抢夺。为了摧毁这个城市的意志，无数的炸药与炮弹落在了这座城市的医院和居民区，连夜的轰炸使得马德里承受着巨大的灾难，大批建筑被夷为平地，一千多平民因此而丧生，无数人流离失所，但是这似乎更坚定了军民的抵抗信念。

国际纵队与西班牙共和军同仇敌忾，誓死保卫马德里。1937 年初，马德里战役陷入僵持阶段。这迫使佛朗哥放弃进攻马德里的计划，重新调整进攻战略。一支由国民军和德意法西斯军队组成的反叛联军正在集结，准备从马德里的东南方向——哈拉马河的山区打开一个缺口，企图切断马德里通向外界的公路。一位亲历哈拉马战役的志愿者写道："当时突然一场混战在头顶上打起来了，哨声尖叫着，司令员命令我们保卫山顶，我们立刻带着武器向山上爬，真难想象我是如何从这场后来被称作'自杀山战役'的激烈炮火中逃生的，我看到周围的人都倒下了……我盼望夜幕快点降临，守夜的时候，听到一点儿动静就开始打起枪来。"在这场哈拉马战役中，双方损失惨重，无数人葬身"自杀谷"。"西班牙有个山谷叫哈拉马，人民都在怀念它，多少个同志倒在山下，哈拉马开遍鲜花！国际纵队留在哈拉马，保卫自由的西班牙，他们誓死要守在山旁，打死法西斯狗豺狼！"这首悲壮的《哈拉马》正是国际纵队在这场战役中英勇战斗的诠释。共和军与国际纵队的志愿军殊死抵抗叛军的进攻，佛朗哥的计划再次落空。

佛朗哥转而加紧占领西班牙北部巴斯克工业区，此时，佛朗哥的空军主力——德国"秃鹰军团"增添了 30 架能够携带一吨多炸弹的亨克尔式双发轰炸机，这种轰炸机在速度与火力上，都强于苏联的飞机。实力增强的轰炸机部队呼啸着奔向政府的防线，居然把魔爪伸向巴斯克的一个小镇，一座不设防城市——格尔尼卡，这就是震惊中外的"格尔尼卡事件"。1937 年 4 月 26 日，恰逢集市，德国"秃鹰军团"和西班牙叛军飞行员驾驶着轰炸机，开始对城内的医院和居民区实施大规模的轰炸，炸弹和燃烧弹无情地投向手无寸铁的平民，整个城镇都在燃烧，尖叫声、嘶吼声、爆炸声混杂在一起，三个多小时的持续轰炸，格尔尼卡被夷为平地，无数平民在绝望与恐惧中丧生。这是人类战争史上首次将

格尔尼卡 毕加索 / 绘

不设防城市作为打击目标，这种地毯式、毁灭性的空袭骇人听闻。毕加索的作品《格尔尼卡》描述的正是这一事件，这幅画作不仅是对施暴者罪行的控诉，更是对世人的警告。如此实力悬殊下，佛朗哥的国民军 7 月底占领了北方的工业区，这使得共和国政府丧失了大量军需品的供给来源，共和军在这一轮交战中损失惨重。

这次空袭的主力——德国空军"秃鹰军团"，正式组建于 1936 年 10 月，他们身穿卡棕色制服，佩戴西班牙军衔，军团指挥官名义上服从西班牙最高指挥官，实际上可以独立决定军团作战。这支"秃鹰军团"因佛朗哥向希特勒的求援而进入西班牙，在西班牙内战中发挥了至关重要的作用，为佛朗哥的国民军夺取了制空权，成为地面国民军作战的帮凶，给共和军带来了致命的威胁。更可怕的是，对德国来说，"秃鹰军团"在作战实践中不断试验自己的武器装备，改进了其对空和对地攻击战术，并且训练了一支具有丰富作战经验的飞行员队伍，而这支训练有素的队伍将在二战中产生巨大的杀伤力。

1939 年春，"秃鹰军团"返回柏林，几个月后，这支军团将在闪击波兰的战斗中"大展身手"。

共和国军队在北方遭到了无可挽回的失败，1937 年底政府被迫迁至巴塞罗那。佛朗哥军队在德、意的武装支持下，逐渐控制了西班牙百分之七十的区域。除了精锐的作战部队外，佛朗哥还

德国"秃鹰军团"正在投弹的亨克尔式轰炸机

拥有 7 万补充兵力，准备大规模进攻巴塞罗那。因力量悬殊，共和军不敌国民军。1939 年 1 月，佛朗哥军队开进巴塞罗那，2 月，法国与英国相继承认佛朗哥政府。1939 年 3 月 28 日，马德里陷落，西班牙人民政府流亡到墨西哥，佛朗哥在国内建立起反动政权，开始了长达三十多年的独裁统治。

2016 年是西班牙内战爆发 80 周年。80 年前，西班牙与世界人民为了自由浴血奋战，但西班牙内战不仅仅涉及了多国势力，它还被称为二战的微型试验场，两个阵营的世界大国各自支持交战的双方，在西班牙的国土上互相撕咬。用这样一句话作为文章的结尾，再贴切不过了："西班牙内战是一场血腥的斗牛，斗牛场在半岛，但许多斗牛士是外国人。"如若历史可以假设，我们不妨设想一下：如果没有其他国家的武装干涉，西班牙内战将走向何处？

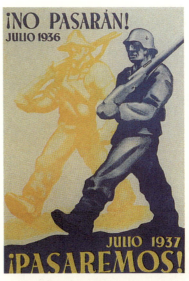

佛朗哥政权炫耀战绩的海报[1]

1 这幅海报描述了两个叛军士兵，里边的士兵上方的西班牙文是"不许通过！1936 年"，外边的士兵脚下的文字含义是"我们通过！1937 年"。"不许通过"是 1936 年西班牙共和国政府在保卫首都马德里时提出的一句口号，1937 年叛军攻占了西班牙的北部工业区，此后，佛朗哥叛军长驱直入，也即有了"我们通过"这幅炫耀战绩的海报。

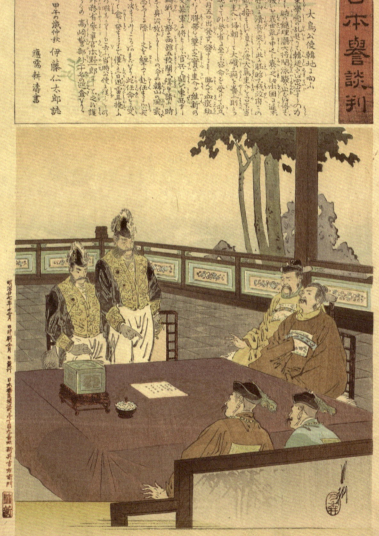

日本譽談判

甲午の歳仲秋

伊藤仁太郎誌

應需耕濤書

大島公使韓地に向ひ
東學電の乱とて頼越さゝに宅守すのか
に時顧理藤大将閣涤駁止仕供なや
横に蓋盈き申之東西の園り連に
汗か清よ来り此脇か沒なの
數や此の國の下に大馬主をゝす
時主に海朝て大嶋病を暮則に
乾りて外發育官方を公の遂念
六月五日出発す警て
勝て血痕功
勝て此實主る雄新の
の質軍乃守之官と東西中
輔戦て等画五段開塚を請よ
まて鼻躅は除つ一夫よ経て趕任らて夫
怠うとろ慣て雪音子受
けて鲁誉ずらうら便ての此柱の
外發り象軍官下野郎外千名の選倉
らの高嶋警部外千名の巡倉

时事溯源

甲午风云之中朝关系

文 | 天津社会科学院　成淑君

　　19世纪六七十年代，西方加紧瓜分东亚各国。中国、印度支那半岛、朝鲜半岛等，相继成为西方列强的殖民地或半殖民地。与此同时，新兴资本主义强国——日本，也开始了它的扩张之路。东亚上空的国际局势一时风云变幻，空前复杂。

东亚上空山雨欲袭，战争阴云密布

　　历史上，朝鲜与中国唇齿相依、往来密切。自西汉始，朝鲜半岛上的新罗、百济和高句丽就遣使朝贡，与中国各政权维持着友好的外交关系。到了明代，中朝两国使臣来往不断，保持了十分密切的"宗藩"关系。清王朝兴起后，朝鲜向清投降，停用明朝年号，断绝与明朝的一切交往，转而奉清为宗主国。中朝双方使节频繁交流，除每年三大节——元旦、冬至、万寿（皇帝的生日）的固定"常贡"外，还有一些不定期的"随表贡物"。此时朝鲜和新兴的清王朝维持着暂时的稳定关系。

明代意大利传教士利玛窦绘制的地图，上面标注朝鲜是中国的朝贡属国

　　依附于清朝宗藩关系的朝鲜，因远离太平洋与大西洋之间的主航道，偏安一隅，闭关锁国，被西方称之为"隐士之国"。但这种情况在19世纪下半叶出现了变化，随着国际形势突变，以天朝上国自称的清王朝在西方坚船利炮面前不堪一击，清朝东南沿海防线完全洞开。清王朝在内忧外患之中与西方列强缔结了丧权辱国的条约，国际地位一落千丈。安南、琉球、暹罗等藩属国纷纷借机脱离控制，东亚仅存朝鲜最后一个

藩属国。近邻日本在明治维新后，实力大增，朝鲜成为其窥探满蒙的跳板。

　　1862年，朝鲜国王去世后无嗣，大臣们迎立皇室支系幼童李熙继承大统，是为高宗。因其年幼，其生父兴宣大院君摄政，奉行亲清的政策。1873年，李熙亲政，王妃闵妃（明成皇后）推翻了亲清派的大院君，执掌朝鲜实权，这为近邻日本提供了渗透的契机。闵妃为彻底清除大院君势力，一改大院君闭关锁国的政策，制定了引入日本势力、改善朝日关系，同时借欧美势力牵制日本的外交策略。但日本派遣的理事官森有礼，趁赴釜山刺探朝鲜政局动向之际，意图乘朝鲜内讧局势不稳，以武力为后盾，逼朝鲜开国。这一计划得到日本政府的支持。为制造入侵借口，日本多次派出军舰向江华岛草芝镇炮台逼近。朝鲜守军不得不开炮预警，而日本非但不撤退，反而说"不意受岸上发来炮火所击"，朝鲜"竟以无端暴力行径加诸我帝国旗帜"，以此为借口对朝鲜炮台守军猛

云扬号事件

烈轰击，侵犯闲散岛和永宗岛，血洗永宗镇，制造了"云扬号事件"。

随后，日本一面以"赔偿战争损失"为借口派兵开赴朝鲜，一面展开外交活动，试探清廷态度。在驻华公使森有礼指鹿为马的恫吓威胁之下，清廷洋务大臣奕䜣[1]唯恐引火上身，当即向日方表明，朝鲜一切政教禁令，由该国自行专主，中国从不与闻。在中国看来，中朝藩属关系是历史形成的，这种国与国的封贡体系，是居藩属之名而无实际干涉内政之实。日本抓住了奕䜣外交辞令中的漏洞，断章取义地认为，既然中国不干涉朝鲜内政，那么日本就能以"自主之邦"，而非附庸国来对待朝鲜，中国不应干涉。最终，朝鲜于1876年被迫与日本签订了近代史上第一个不平等条约《朝日修好条规》（又称《江华条约》）。该条约第一款就明确了"朝鲜国自主之邦，保有与日本国平等之权"。这无疑昭示了日本的用心，通过否认朝鲜为清朝藩属，进而为其侵略朝鲜扫清国际外交障碍。《江华条约》的签订破坏了传统东亚地区中国与朝鲜的藩属关系。

"壬午兵变"：中国力图保持对朝话语权

19世纪60年代中国开始了洋务运动，这个垂垂老矣的帝国一度出现了"同治中兴"的局面，甚至打造出亚洲第一的北洋舰队，而日本也通过明治维新，走上了资本主义道路。19世纪末期的东亚地区，出现了两强对峙的局面。一个是回光返照的老大帝国，一个

1 奕䜣，全名为爱新觉罗·奕䜣，道光帝第六子，咸丰帝同父异母兄弟，道光帝遗诏封"恭亲王"。奕䜣是咸丰、同治、光绪三朝名王重臣，外交上主张保持与欧美大国的和平，支持开办了中国早期的近代军事工业，是洋务运动在中央的代表人物。

1861年，奕䜣与两宫太后联合发动辛酉政变，成功夺权，被委以议政王的重任，后期由于受到慈禧太后的猜疑和打击，奕䜣在统治集团内部浮浮沉沉，无所建树。

是野心勃勃的新兴帝国。新老秩序交替之下，中国和日本不可避免地出现了矛盾。这种矛盾的激化首先就反映在了朝鲜半岛的问题上。

1876 年《江华条约》后，日本开始逐步蚕食朝鲜。为巩固政权，闵妃大力推行"开化自强"政策。闵妃一派既效法中国的"洋务运动"，成立统理机务衙门，处理洋务事宜，又派遣使团赴日学习，聘请日本人帮助朝鲜组建新式军队——"别技军"。这是朝鲜半岛历史上第一支近代化军队，主要是由日本人担任教官，负责训练，但朝鲜并未因"开化自强"走上独立自主发展之路。日本借组建"别技军"的机会，寻找到干涉朝鲜内政的契机；同时通过朝日间的不平等口岸条约，日本垄断了朝鲜包括粮食在内的日常生活用品的贸易，使得本就苦不堪言的朝鲜人

朝鲜国军务大臣

民雪上加霜，民间反日情绪与日俱增，"语到倭边，咬牙欲杀之，小民尤甚"。但对于国内的排日情绪，当时的闵妃派尚未有清醒的认识。

1882年朝鲜大旱，京城人心惶惶，有谣言说这一切都与闵妃亲近日人和不守妇道有关。恰在此时，朝鲜政府决定扩"别技军"、缩减原"旧军"五营的京军（训练都监、龙虎营、禁卫营、御营厅、总戎厅）为两营（武卫营和壮御营）。"新军"与"旧军"待遇悬殊。旧式军队不仅要被裁汰半数以上的士兵，而且长达13个月无军饷可发。而被称为"倭别技"的新军，却在待遇和装备上高出一筹。旧军士兵怨恨重重。1882年7月，士兵冲进都俸所抢米，四名士兵被捕。为营救这四名士兵，这些军人冲入总戎使闵谦镐家中，在蛰伏的大院君指使下，抢米事件演变成反闵妃政权的兵变。同时，民间也开始围攻日本公使馆，杀死13名日本人，日本驻朝公使花房义质仓皇出逃回国。

壬午兵变遂变成了中日势力的角逐。大多数日本政客叫嚣趁此机会讨伐朝鲜，"未达城下之盟不罢休"。为避免外交纷争，特别是考虑到中俄的态度，明治天皇未敢轻举妄动，而是指令公使花房义质先率领1500名士兵于8月12日抵达朝鲜仁川港，接触重新掌权的大院君，以"问罪"之名试图与朝鲜签订新条约，否则就发动战争。而此时的清廷也已经意识到日本的威胁，开始注意防范日本。1882年8月7日，在获知日本出兵的消息后，应朝鲜要求，清廷准备以宗主国身份

丁汝昌

镇压乱党。8月9日，代理北洋大臣的张树声命令水师提督丁汝昌与道员马建忠赴朝鲜观察局势，此时日本军舰已进驻仁川港。20日，广东水师提督吴长庆率部4500人前赴朝鲜平乱。同时随行的还有张謇、袁世凯等后来的风云人物，特别是袁世凯，朝鲜成为他跻身中国高层政要的跳板。

听闻清廷出兵，日本一方大为震惊。日本天皇下令花房义质火速与大院君谈判，妄图在清军进朝之前签订条约，造成既成事实。由于日方条件苛刻，包括惩办兵变凶徒，赔偿被害日本人，增开通商口岸，允许日本有驻兵权，等等，使得一向主张排外的大院君借口闵妃国丧，与日本虚与委蛇，暗中却调遣军队欲与日本一较高下。花房义质一怒之下撤回到济物浦，准备诉诸武力。但这却给了迟到的清军机会，在清朝"避免与日冲突"的原则下，丁汝昌与吴长庆一面与花房义质协商，一面与大院君接触，探听其虚实。8月26日，丁汝昌与吴长庆二人以"煽动兵变"罪逮捕大院君并交"登瀛洲"舰送往天津。9月12日，闵妃回汉城重掌政权。

壬午兵变开启了中日在朝竞争的开端。作为镇压乱党的功臣，清朝在兵变后不久就与朝鲜签订了《中朝商民水陆贸易章程》，获得在朝鲜的领事裁判权、海关监管权，代管朝鲜海关及外交事务；在朝鲜的仁川、元山、釜山等港口城市设立清租界，其中跟随清军前来的四十多名中国商人扎根仁川，仁川唐人街由此得名；将平乱的庆军六营全部留驻朝鲜，帮助朝鲜训练新军，重新加强对朝宗主国地位。日本方面也有收获，先是在8月30日与朝鲜签订《济物浦条约》，确定了其驻军权。之后在1885年的《汉城条约》中又得到了在仁川设立租界权，与清租界只有一墙之隔。同年与清朝签订《中日天津会议专条》，约定"朝鲜若有变乱或重大事件，清、日两国如果其中一国要派兵入朝，应先行文通知对方"。至此，在朝鲜问题上，日本拥有了与中国平起平坐的权利，双方的争夺将会更加激烈。

"甲申政变"成为清朝在朝鲜的最后一胜

壬午兵变后，日本虽然获取了驻兵权以及 50 万元的赔款，但这远远不能够满足其侵略朝鲜的狼子野心。这时的朝鲜国内，闵妃重新上台后对清朝倚重程度加深，亲华派官员形成了一股牢不可破的势力。因此，扶持朝鲜国内"开化派"（曾流亡日本的激进青年）成为日本进一步侵朝的探脚石。起初，守旧派在清廷的支持下，对势力较弱的"开化派"进行权力架空。但随着中法战争的失败，清军在朝鲜的威望逐渐降低，守旧派和亲华官员也开始动摇。开化派和日本认为时机已到，决定发动政变。1884 年 12 月 4 日，在毫无征兆的情况下，开化派重要领导、邮局总办洪英植在大宴宾客之际发动政变，挟持国王李熙和闵妃迁往景佑宫。

开化派在日本人的支持下迅速夺取了政权，并于第二日公布新政权名单。驻朝清军将领未接到李鸿章的命令，不敢轻举妄动。时任驻朝大使袁世凯两次致函国王，要求晋谒并带兵入卫王宫均遭拒绝，仓促之下，袁世凯果断行事，率领一营官兵及朝鲜新军左右营赶赴王宫。经过两个多小时的激战，清军大获全胜，

朝鲜高宗李熙

1东学党起义，即甲午朝鲜农民战争。1894年，东学道领袖全奉准领导农民起义反对朝鲜王朝封建统治、反对帝国主义瓜分侵略。由于这次起义是打着东学道的旗号，并以东学道徒为核心，而统治阶级多称呼其为"东学党"，因而历史上又称之为东学党起义。甲午农民战争持续了十个月，最终在朝鲜国内外反动势力的联合绞杀下以失败告终。这是朝鲜半岛历史也是世界历史上的一次声势浩大的反帝反封建的农民革命运动，直接导致了甲午中日战争的爆发。

2全奉准，字明淑，号海梦，别名绿豆，初名全永准。全奉准出身于农村知识分子家庭，后来加入东学道。1894年他领导农民起义，提出"逐灭倭夷""尽灭权贵"的口号，史称"甲午农民战争"。起义被日本军和官军联合镇压下去后，全奉准被逮捕并被判处绞刑。

平息了叛乱。而背后支持开化派的日本大使竹添在汉城民众的围攻下，自焚使馆，逃往仁川日本领事馆躲避。甲申政变最终以中国大胜而告终，此一役不仅使袁世凯一战成名，成为朝鲜的实权人物，掌控了朝鲜的内外大权，而且也使清廷在朝鲜重新站稳了脚跟。当然一役的战败并未阻挡日本称霸亚洲的野心，此后十年日本人枕戈待旦，终于借朝鲜东学党起义[1]再次向中国发起挑战。朝鲜经此一役后也加快了改革的步伐，对清廷的向心力逐渐减弱。表面平和的东亚局势实际上暗潮涌动。

甲午风云：中国在朝鲜的惨败

1894年初，以全奉准[2]为首的朝鲜农民起义军反抗压迫、揭竿而起，并于5月攻占全罗道的首府全州。面对农民起义的燎原之势，朝鲜政权大为惊恐，不得

日本海军军官在讨论侵朝计划

不向传统宗主国清朝求救，借兵镇压"乱党"。对于朝鲜的请求，北洋大臣李鸿章是犹豫的，特别是考虑到对日本的防范。因为 1882 年的《济物浦条约》已赋予日本驻兵权，按照常理，此时的日本早应跳出来，但日本却一反常态，悄然无息。根据《中日天津会议专条》，如果清朝派兵，应行文知会日本。但李鸿章并不想与日本发生直接冲突，因为中日实力此消彼长，此时的日本已远非十年前的日本了。北洋海军从 1888 年到 1894 年未添一舰，而日本海军在 1890 年以国家财政收入的 60% 发展海军和陆军，甚至明治天皇从皇室经费中拨出 30 万两用于海陆两军建设。日军实力远远超过了清军，李鸿章决定静观其变，谋求国际解决。

  日本方面为了倒逼清廷出兵，不断给当时身份无异于"监国大臣"的袁世凯传递假消息。日本驻朝鲜公使书记郑永邦（逃至日本的郑成功后人）多次告知袁世凯，日本最多派点警察保护侨民，不会出兵朝鲜。因为郑永邦的汉人血统，袁世凯对其是信任的，但事关国家机密，郑永邦的低级职员身份又使得袁世凯将信将疑。就在这时，一向与袁世凯交好的日本驻朝公使以及日本公署使臣山村也相继透露，日本承诺不会出兵，并暗示中国尽快出兵。出于对情报的掌握以及对自身地位巩固的需要，袁世凯极力请求李鸿章出兵。最终，1894 年 6 月清廷派直隶提督叶志超、太原总兵聂士成率军一千五百多人，进驻汉城以南的牙山，并知会日本。日本立即乘机以保护使馆和侨民为借口，派兵占据了从仁川到汉城一带的战略要

日本公使到达朝鲜

地。这时候，朝鲜内部已镇压了东学党起义和全州起义。清政府建议中日两国同时撤兵。日本政府一面假意撤兵，但始终不签文件，反而抛出中日一起帮助朝鲜改革的办法，获取国际舆论支持，同时 7 月 20 日，大鸟圭介向朝鲜发出最后通牒，要其"废华约、逐华兵"，并限朝方三日内答复，为日军留在朝鲜寻找借口。

1894 年 7 月 23 日，日军突袭景福宫，扶植了以兴宣大院君为首的亲日傀儡政府，并向清政府下了绝交书，中朝外交关系中断。清政府在诉诸英俄调解无果的情况下，8 月 1 日正式对日宣战。平壤之战是两国首次大规模陆地作战，双方兵力旗鼓相当。当时清军占据着平壤城的有利地形，易守难攻，而且还得到了朝鲜人民的支持，甚至大院君都暗中给清军传递情报。但由于主帅叶志超临阵逃脱，掣肘清军抗敌，结果日军对平壤形成了合围之势。9 月 15 日，日军从大同江南岸（船桥里）、玄武门外以及城西南三个方向攻打平壤，清军大败。之后的六天，清军一路溃败，最后渡鸭绿江回国，日军占领朝鲜全境。1894 年 9 月 17 日

日本画展中的平壤战役

12 点 50 分，中日黄海海战爆发，这是双方海军的主力决战。经过五个多小时的激战，北洋舰队损失"致远""经远""超勇""扬威""广甲"（"广甲"逃离战场后触礁，几天后被自毁）五艘军舰，死伤官兵千余人；日本舰队"松岛""吉野""比睿""赤城""西京丸"五舰受重创，死伤官兵六百余人。之后，李鸿章为了保存实力，不准北洋舰队巡海迎敌，日本夺取了黄海的制海权。

取得黄海制海权，为日本攻克辽东半岛、山东半岛扫清了障碍。平壤战败后，清军士气不振，日军则野心勃勃，甚至叫嚣直捣北京，让清朝皇帝"面缚乞降"。战况可想而知，10 月 24 日鸭绿江江防之战开始，不到三天，日军就撕裂了该防线。11 月 7 日，日军分三路向大连湾进攻，大连守将赵怀业闻风溃逃。之后，日军继续进逼旅顺，素有"隐帅"之称的前敌营务处总办龚照玙置诸军于不顾，乘鱼雷艇逃往烟台。11 月 21 日，日军向旅顺口发起总攻，次日，号称"东亚第一要塞"的旅顺陷于日军手中。旅顺口的失陷，意味着渤海湾这一重要战略位置的失守，也意味着清政府北洋门户的洞开，京城岌岌可危。这时李鸿章为保存实力，命令北洋舰队深藏威海卫港内，清军战局更是急转直下。1895 年 3 月 9 日清军辽河东岸全线溃退，17 日，日军在刘公岛登陆，威海卫海军基地陷落，北洋舰队全军覆没。至此，清政府完全退出了朝鲜半岛，乃至整个东北亚。

威海卫东岸摩天岭堡垒

《马关条约》：中国的危局

由于日本攻陷了朝鲜，随后又在黄海和辽东、山东半岛大败清军，从而直接威胁到京师要地，使得清政府如芒在背，屡次要求同日议和。早在平壤战役和黄海海战失败后，清政府就试图联络英美俄三国向日本求和，但遭到日本拒绝。之后，清政府屡次向日求和均遭拒绝。直到1895年2月17日，日军攻陷刘公岛，北洋水师全军覆灭之日，日本才以割地、赔款为"议和"先决条件接受清政府的"请求"。1895年3月19日，李鸿章抵达日本马关，住在接引寺（古代为朝鲜通信使的住所）。3月20日双方在春帆楼（有名的日本料理旅馆，以烹调河豚闻名）正式开启和谈。日方以胜利者的姿态肆意对清威胁讹诈，其代表伊藤博文向李鸿章强硬表示，"中堂见我此次节略，但有允、不允两句话而已"。而且对条约内容"只管辩论，但不能减少"。美国顾问科士达则想渔翁得利，所以也极力怂恿李鸿章接受议和条件。4月17日，李鸿章代表清政府与日本签订丧权辱国的《马关条约》。之后，各列强依照片面最惠国待遇也获得了同样的在华权益，大大加深了中国半殖民地化程度。

朝鲜和辽东半岛的重要性，对清政府是不言而喻的。朝鲜半岛的失败，迫使清政府在条约中承认"朝鲜为完全无缺之独立自主"，朝鲜"向中国所修贡献典礼等嗣后全行废绝"。至此，中朝延续了千年的宗藩关系从法理上正式终结，朝鲜实现了名义上的独立。而失去了朝鲜半岛的屏障，则让中国的辽东半岛处于日本的炮火威胁之下。在甲午战争后的中日谈判中，日本要求将辽东半岛、台湾岛及所有附属岛屿（包括钓鱼岛）、澎湖列岛割让给日本。对于中国而言，辽东半岛卫戍京师，且是清"龙兴之地"，因此要首保辽东半岛，其次才是台湾、澎湖。最后，清政府借助俄、法、德的干涉，支付了巨额"赎辽费"才使日本吞并辽

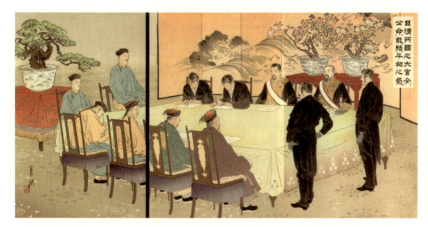

《马关条约》签订场景

东的计划落空，但是却让中国失去了台湾和钓鱼岛，破坏了主权的完整，其遗患影响至今。

朝鲜和辽东半岛的溃败进一步刺激了日本的侵略野心。二亿两白银的战争赔款，一下子让年收入仅为八千万日元的日本，"无论政府还是私人都顿觉无比地富裕"。日本占领朝鲜、台湾，从战略上对华东北、华东造成直接威胁，成为进攻中国大陆的跳板。日本尝到了侵略的甜头后，启动十年扩军计划，欲雪三国干涉还辽之"耻"；同时与英国结盟，开始在东亚进行新一轮的争霸战争。20 世纪上半叶的东亚愈发动荡不安。

凡尔登战役一百周年
——陆军战术演变及其对中国军事改革的启示

文 | 专栏作家　祁鑫

　　战争史最令人着迷之处，在于进攻与防御的技战术持续竞争，"道高一尺，魔高一丈"的优劣势反复转化。某一时期主导的战术理论或经验，因为武器装备、军力动员、后勤保障、工业能力等条件的变化，往往就不再有效。军事家和军队领袖经常依赖过往的成功经验，对技术、武器和战术的变革若不敏感，就可能会导致军队在新战争中败北。工业革命以来，军事技术装备发展提速，更加剧了这一现象。

普法战争影响与武器进步

　　1870 年普法战争爆发，普鲁士以军事动员能力和优秀机动作战手段，迅速击败法军并俘虏法国皇帝。这场战争对欧洲的军事理念影响深远：主动进攻是战争获胜的关键，因此进攻战略优于防御战略；武器装备的改进应有利于进攻；利用机动迂回，发动决定性战役，战争便能够

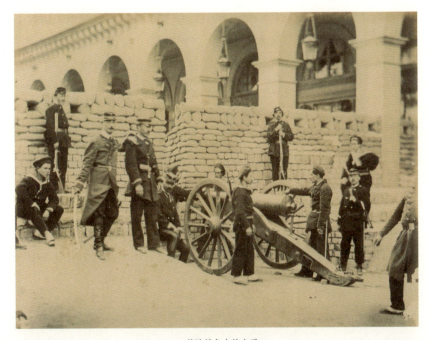

普法战争中的士兵

在几个星期内结束；胜利最终来自步兵的刺刀冲锋，战斗意志是最重要的。

但是，普法战争之后无论是武器装备、战术手段，还是一战前的实战都逐渐背离上述观点。随着连发步枪、重机枪、轻机枪先后问世，步兵的死亡地带从 1870 年的 300 米延伸到 20 世纪初的 2000 米。火炮性能的改进不只体现在射程和射速上，由于无烟火药的使用，火炮发射位置相对隐蔽，不易被敌方发现。1904 年迫击炮问世，迫击炮弹道弧线较高，可以打击遮蔽物后面的人员装备。此外，飞机和化学武器的使用也加大了战争的破坏力。

防御技战术最重要的改变是铁丝网的应用和堑壕筑垒的强化。看起

1 社会达尔文主义，19世纪的社会文化进化理论，因和达尔文生物学理论有关系而得名，认为影响人口变异的自然选择过程，将导致最强竞争者的生存和人口的不断改进。社会达尔文主义者有英国的斯宾塞和白哲特、美国的索姆奈等。

来很简单的铁丝网，却对步兵冲锋造成极大阻碍，即使是炮火轰击也难以彻底清除。堑壕和掩体保护下的机枪火炮构成了强大的火力网，一战前常用的密集散兵线进攻（兵与兵的间隔仅为一步），会被彻底击溃。

一战前的进攻和防御力量，由于武器进步都大大增强。欧洲军界高层在进攻理论的影响下，忽略了防御战术在火力强化下的质变。多数欧洲国家一战前民族主义高涨，在适者生存的"社会达尔文主义"[1]影响下，士气高昂和获胜决心更推动了"进攻崇拜"。比如，法国名将福煦认为"决定胜负的将是绝对的进攻和古典战斗精神"。俄国军界甚至认为"在不得已防御时，

日俄战争

火力主要目的是破坏敌军士气"。

日俄战争：阵地防御优势显现

1904 年爆发的日俄战争，日本获胜，但代价高昂，最能体现防御优势的战例非旅顺战役莫属。是役开始阶段，日军投入六万人，火炮四百多门，俄军四万人，火炮六百多门。日军为减少伤亡，于夜间发动攻势，但俄军防御工事坚固，机枪火炮打击猛烈。战役初期，日兵力伤亡三分之一，俄军不足十分之一。日军以密集散兵线进攻，充分暴露于俄军火力之下，伤亡倍加惨重。

战役后期，日本动用了威力强大的 280 毫米榴弹炮，向俄军发射了 150 万发炮弹，最终以接近俄军伤亡人数 1.5 倍的代价攻克旅顺。日军武器装备、军事素质都有一定优势，却赢得如此艰难，就是没有意识到俄军的防御优势。

凡尔登战役的攻防经验得失

一战爆发后，德军想通过缩小版的"施里芬计划"[1] 从比利时迂回绕过法军防线，南下直击巴黎，这是明显的主动进攻取向。但是法国总参谋长霞飞[2] 利用法国发达的铁路将预备部队输送至进攻德军的侧翼，反迂回了德军，德军则想进一步迂回法军。相对于投入的数百万军队来说，从瑞士到比利时海岸的西线战场并不大，战略层面实施机动迂回攻击侧翼的空间本来就有限，双

1 阿尔弗雷德·冯·施里芬担任德国总参谋长期间（1891-1906 年）所制定的一套作战方法。基本内容包括：将德国全部作战兵力分为对俄国的东线和对法国的西线。其中，西线为主战场，作战部队 79 个师。西线又分为左右两翼，右翼部队为 68 个师，左翼部队 11 个师。战争一旦打响，西线的右翼迂回取道比利时进入法国，北、西、南三个方向包围巴黎，并从背后包抄法军主力。西线左翼的任务是诱敌并抵御法军主力的攻击。接任德国总参谋长的小毛奇，综合考虑后勤保障和敌我力量对比，在一战中减少了实施侧翼迂回的德国军团。

2 霞飞，法国元帅和军事家。一战初期的法国总指挥。性格沉稳，略显迟钝，人称"迟钝将军"。

霞飞将军

法金汉将军

1 法金汉，德国军事家、步兵上将，1896 年至 1903 年在中国服役，参与了八国联军入侵中国的战争。施里芬计划失败后，法金汉接任德军总参谋长，策划了"向大海进军"行动，意图夺取法国北部港口，切断英法两国的直接联系，但未能克尽全功。法金汉因此被解职，兴登堡继任总参谋长。

方反复运用迂回策略将战线拉长并最终连成一线，形成全线对峙格局。1914 年底协约国军与德军都加紧修壕筑垒，进入了僵持一年多的阵地攻防战。

1916 年初德国为打破僵局发动了凡尔登战役，德军总参谋长法金汉[1]叫嚣要让法国人的血在凡尔登流尽。凡尔登要塞是法国东北部的最大要塞，距巴黎仅 135 英里，一旦被攻破，法军整体防线被切断，巴黎东北门户大开，将极大打击法国军民的信心。

凡尔登要塞由四条防御地带，五个大型堡垒群，几十个永备筑垒构成，本来固若金汤。1914 年比利时列日要塞被德军攻下后，霞飞认为要塞防守没有意义，遂运走大量人员，撤离了四千多门火炮，包括两千多门大口径固定火炮。后来情报部门判定德军要进攻凡尔登后，霞飞派遣部队支援凡尔登，不过相比德军精心隐蔽部队调动和集中优势炮火，为时已晚。

100 年前的 2 月 21 日清晨，凡尔登战役打响，德军以空前密集的火炮向法军发射了至少一百万发炮弹。数倍于敌军的德国精锐军团，在四天内突破法军三条防线，并占领了最重要的炮台杜奥蒙堡，凡尔登岌岌

贝当将军

可危。幸亏贝当[1]将军被紧急任命为凡尔登防御战总指挥，他稳定住局势，通过唯一一条与后方相连的公路，在一周内运送了19万士兵、2.3万吨弹药到达凡尔登。贝当将军及时高效的后勤战略令法军数量与德军匹配甚至占优势。同时，贝当将军扩大了法军战略防御纵深，从而扭转了危局。

从整个战役过程来看，3月初德军已基本失去攻占凡尔登的机会，但吸引法国军队的目的达到，法军很长一段时间无力抽调兵力备战索姆河战役，凡尔登战役变为争夺堑壕和堡垒的消耗战。7月索姆河战役爆发，一战东线的俄军也发起大规模战役，凡尔登德军被大量调往索姆河与俄国前线。9月开始德军彻底转入防御状态。

1 贝当，法国陆军将领、政治家、维希法国国家元首、总理。一战期间因领导凡尔登战役而出名。在法军索姆河惨败后，他在最黑暗的时候重振了法军的士气。二战法国战败后，出任维希政府总理，后任维希政府元首，成为纳粹德国的傀儡。1945年4月被捕，同年8月因叛国罪被最高法院判处死刑，后改判终身监禁。

10 月以后法军夺回了部分失地，12 月 18 日，这场历时 10 个月的、战争史上最漫长的战役结束。

西线消耗战的特点是战壕防御一旦固化，防御方可以不断增兵挖壕筑垒，令防线横宽纵深扩充到无法突破的形势。进攻方要通过隐蔽兵力部署，发动突然猛烈的袭击，以求在敌方后备部队前来支援前突破防线。凡尔登战役前四天德军取得的战果，正是依靠密集火力和行动突然获得的。好在法国人应对迅速，调集足够后备力量巩固防线，也由于当时的技术水平限制，重火炮很难跟上突破的军队，德军后继进攻乏力。

凡尔登战役德国运用的战役前期密集炮火打击，在之后的其他战役中被发挥到极致，不过协约国和德国的使用方式有所不同。协约国的炮

凡尔登战役堑壕内的士兵

火攻击常常多达数天，消耗无数弹药，企图彻底摧毁对方阵地。但长期火炮准备暴露了主攻地点，攻击突然性丧失，让敌方有充足时间调集预备部队，在后方挖掘新战壕。德国进攻主要以数小时的猛烈密集火力压制敌方的炮火（而非破坏其工事），制造进攻时间窗口，进攻的突然性并未丧失。

在凡尔登战役前期，炮火准备后的步兵攻击，与日俄战争相比并无多大改善，无论是德军的冲锋，还是法军的反冲锋，都是兵力相对密集、不顾兵力损失的鲁莽攻击。法国贝当将军对防御优势有比较清晰的认识，但主张进攻的总参谋长霞飞1916年4月底将其调到中央集团军，由尼维尔将军接手凡尔登的防御任务。5月下旬尼维尔发动了一系列反击，法军蒙受严重损失，杜奥蒙炮台得而复失。

1914年西线僵持局面形成时，德国和协约国的阵地防线都简单原始，是所谓的基点式防御：战壕之间没有交通壕连接，据点缺乏保护，间隙较大，纵深很浅。攻防战严重减员，这促使双方改进阵地，提高防护能力，交通壕、步兵掩体、机枪巢和避弹所等陆续出现，但仍然没能有效利用防御纵深。凡尔登战役期间，无论是霞飞还是法金汉，都坚持

基点式防御阵地

寸土不让，大量军队集中于阵地的第一道防线，这里正是进攻方的重点炮轰区域，因此造成士兵惊人的无谓伤亡。

凡尔登战役平均每月伤亡十万人，伤亡总数近百万，进攻密集鲁莽、防守兵力配置不当是重要原因。伤亡人数仅次于索姆河会战的这场战役也被称为"凡尔登绞肉机"。

1916年10月中下旬，尼维尔将军在进攻中充分运用徐进弹幕射击战术。在步兵攻击过程中，炮弹弹幕保持在步兵前面的安全距离上延

杜奥蒙炮台

伸射击，以杀伤敌方阻击力量。法国炮兵和步兵精准配合，迅速拿下德军前沿阵地，直逼杜奥蒙炮台。徐进弹幕是火炮支援的基本战术，对步炮的协同配合要求较高。

此时的步兵攻击也不再是简单的密集散兵冲锋，而是分成不同集群的散兵线，在徐进弹幕和伴随火炮支援下，一个波次一个波次地攻击敌方。散兵线步兵之间的距离增加到了四、五步，甚至六步。这样的冲锋既在空间上降低密度，以减少人员损失，又在时间上保持足够的进攻压力。在尼维尔将军新进攻战术指导下，法军收复了杜奥蒙和沃克斯炮台。尼维尔声名鹊起，取代霞飞成为法军总司令。

德国的弹性纵深防御战术

德军总结凡尔登、索姆河等战役的经验教训，于 1917 年开始应用弹性纵深防御战术体系。如下图所示，阵线防御纵深加大，原来兵力集中的第一阵线被改为警戒阵地，只派少量部队驻守，警戒阵地之后才是主要战斗地带，因为距离较远，随着英法联军炮火攻击减弱，德军力量配置却逐渐加强，五公里左右的后方地带还有预备部队，可以随时支援前方，万一前方阵线被突破，也能迅速弥合缺口。

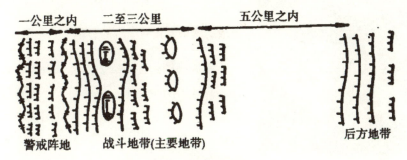

德国纵深防御阵地示意图

警戒带的少量守军并不是一遇攻击就后撤，而是抓住时机与战斗带的军队配合或就地发起反击。两个地带的防御工事会遭到严重破坏，但活着的士兵在反斜坡[1]、残存的掩体、加强工事和炮击造成的弹坑里随时偷袭阻击英法联军。德军的炮兵则打击深入己方阵地的联军的身后，切断他们与后方的联系。联军部队看似突破了德军防线，但身处完全陌生的敌方阵地，遭到德军精确炮火与处处潜伏的小分队的联合打击。弹性防御的精髓不在于寸土必争，关键是结合纵深、地形、反击和炮火杀伤敌军，令敌军不能巩固攻下的阵地。

1 反斜坡地形的运用是指敌方火炮观察不到的斜坡背面，即便迫击炮能打到反斜面，其炮弹死角也很多。比如，在反斜面大岩石下面构筑挖掘出的射击工事和壕沟等。反斜坡可令敌方炮火有效杀伤下降。

1917 年，尼维尔过于迷信长期炮火准备和徐进弹幕的成功经验，轻视德军，对他们的弹性防御体系一无所知。"尼维尔悲剧"之战于 4 月 16 日开始，法国不到一个月损失134000 人，惨重的伤亡激起了法国兵变。整个尼维尔会战，协约国一共伤亡 34 万人，德军伤亡不到前者的一半。

一战的结束及其对二战的影响

最讽刺的是，德国人虽然发展出一套行之有效的防御体系，但他们没有笑到最后。1918 年俄国已退出战争，德国摆脱了两线作战的压力，以为可以趁机一举击败协约国军队。德国的进攻战术比起凡尔登

尼维尔将军

一战时期的坦克

时期有很多改进，但协约国也采纳了弹性防御战术。
1918 年 3 月至 7 月，在鲁登道夫会战开始阶段，德国
的进攻取得了重要的战术成果，但防御方整体优势无
法撼动，战术突破不能转化成战役胜利，德国主力消
耗殆尽，11 月宣布投降。

　　一战时武器火力的增强同时提升了部队进攻和防
御力量，由于复杂和纵深的弹性防御体系令守方优势显
著。战争初期德国和法国的军队迅速布满了西线战场，
战略上迂回机动的空间几乎不存在，因此只能进入拼
消耗的阵地攻防战。

　　正如尼维尔将军对过去进攻经验的迷信，经历了
地狱般战场历练，并最终以阵地防御获胜的法国一样掉
进了路径依赖的陷阱。法国军事思想尤其僵化，他们
沿着法德边境修建了马奇诺防线[1]，指望这条静态的防

1 马奇诺防
线，第二次世界
大战之前位于法
国东方所设的防
御工事，由钢筋
混凝土建造而
成，十分坚固。
其名称来自当时
法国的陆军部长
马奇诺的姓氏。
防线内部拥有各
式大炮、壕沟、
堡垒、厨房、发
电站、医院、工
厂等，通道四通
八达，较大的工
事中还有有轨电
车通道。二战期
间因为德军袭击
其背部而失去作
用。

线能像凡尔登要塞那样挡住德国。虽然英国早在 1916 年的索姆河战役就动用了坦克，但限于当时的技术水平，坦克作用有限。一战后二十多年，法国和英国都忽视了坦克的潜力，仍将其定位于支援步兵，德国认识到了坦克在陆战中的核心作用，发展出了一套围绕坦克的完整战术理论。

坦克技战术的成熟令主动进攻方重获优势。一战中攻方的纵深突破始终无法转为战役胜利，就在于缺乏一种像坦克一样集火力、防护力和机动性于一体的强大武器，导致突破后的步兵缺乏重火力支援，自身防御差，而且速度慢，不能迅速扩大战果。1940 年 5 月，德军绕过马奇诺防线，以闪电战将坦克优势彻底发挥出来，仅用 43 天就击败法国。

战争结果并不只由军事战术能力决定。虽然普法战争以来，德国就

二战时期的坦克

勤于总结战争经验，以指导其军事理论的发展。但其国家层面的战略始终有欠缺，德国在两次大战中都两线作战，以其有限的资源和工业与其他大国拼消耗。无论德国的军事战术理论多么先进，军人多么善战，取得阶段性成功后，终要面对更为强大对手的"总体战"[1]战略。

当今的政治经济环境下，爆发世界大战的可能性很小，但地区局部冲突频仍，国家军事力量更多体现于威慑性和快速反应能力。此种能力所需的现代战争打击手段，仍要以强大的经济基础为保障。中国应在民富国强的基础上，紧跟现代战争技战术发展趋势，并灵活运用地缘政治和外交策略，保持军事威慑性，力争不战而屈人之兵。

1 现代战争已扩展到参战国的全部领土，卷入战争的人员也由军队扩大到大部分民众，是动员国家全部军事政治经济资源的战争。一战时总体战初现端倪，二战体现得更彻底。

微信中的"风流一代"

——民国文化名人的情感婚姻

文 | 南京莱忆旧文化传播　洪正立

1 金岳霖，著名的哲学家、逻辑学家、新道家代表人物。北京清华学堂毕业，后留学美国。1926 年与冯友兰等创办清华大学哲学系。他把西方哲学与中国哲学相结合，建立了独特的哲学体系，著有《论道》《逻辑》和《知识论》。金岳霖自始至终都以最高的理智驾驭自己的感情，他终生未娶，爱了林徽因一生。

2 张幼仪，1915 年与徐志摩结婚，1918 年生下长子徐积锴、同年徐志摩前往美国读书，次年徐志摩则转往英国伦敦。1920 年，张幼仪前往欧洲与丈夫团聚，此时的徐志摩与林徽因坠入情网，并于 1921 年要求与幼仪离婚。1922 年张幼仪于柏林产下次子，并与徐志摩正式离婚。1949 年移民香港，1988 年逝世于纽约。

很多文艺女青年在微信等新媒体中阅读或者了解民国文化名人情感生活的相关文章后，都会发出悲观的感叹：他们之中为何少有从一而终的美满婚姻呢？在她们看来，民国的"陈世美"太多。于是文艺女青年喜欢上了金岳霖[1] 这个光棍逻辑学教授，给他贴上了为心中喜欢的女神而终身不娶的道德模范标签。有的文艺女青年开始推崇张幼仪[2]，一个被浪漫无情诗人抛弃的女人，坚韧地生活着，后来成为银行总经理，成为上海滩的富贵女性。于是张幼仪又被贴上了女权主义的标签，

张幼仪

成为现代励志女性的奋斗偶像。一篇《朱安：鲁迅身后被遗忘的女人》的微信文章被广为转发后，人们又开始同情朱安，这也满足了道德卫士们的心灵洁癖。

民国文化名人的情感婚姻生活真是如此"丰富多彩"吗？要弄明白一个事情的真相，最好的方法就是不要用道德的大棒去做先入为主的评判，而是尝试还原历史。当人们了解那个时代发生了什么，或许就会明白，所有爱情的悲欢离合不过是那个时代的反射，只需以多元化的思维思考，就能够理解当下与民国的区别。民国正处在中国三千年之大变局时代，传统的包办婚姻、一夫多妻制及一夫一妻制，在当时都可见到，社会呈现出多元化的婚姻面貌。这里我们以民国文化名人为例，来看看民国的多元化婚姻状况。

延续旧式婚姻——一夫多妻之下的民国姨太太现象

民国时期，特别是新文化运动后，女权运动兴起并提倡男女平等，

民国姨太太

1 辜鸿铭，号称"清末怪杰"，精通英、法、德等9种语言，获13个博士学位，是清代精通西洋科学、语言兼及东方华学的中国第一人。翻译了中国"四书"中的三部——《论语》《中庸》和《大学》，并著有《中国的牛津运动》和《中国人的精神》等英文书，热衷向西方人宣传东方的文化和精神。

2 张恨水，安徽潜山人，著名章回小说家，也是鸳鸯蝴蝶派代表作家。被尊称为现代文学史上的"章回小说大家"和"通俗文学大师"第一人。

"一夫一妻制"才真正实行起来，并被写进了"婚姻法"，但在当时的社会现实面前，执行这个法律却很困难，毕竟旧婚姻观念还普遍存在。当时民国临时大总统袁世凯就有一妻九妾。国家首脑尚且如此，上行下效，那些督军们纷纷把迎娶年轻女大学生为姨太太当作时尚。这一现象成为革命不彻底的真实写照。

在民初文化圈有姨太太的，除了清末文化遗老辜鸿铭[1]，还有著名作家张恨水[2]。辜鸿铭，一个清末民初的怪客，也是个中西文化的矛盾混合体。学在西方的他，最爱的却是东方的姑娘。他曾戏称自己的成就主要归功于那双金莲，称其为"兴奋剂"。他在娶了淑姑不到一年时，又纳了日本姑娘吉田贞子为妾。用辜鸿铭自己的话说就是："吾妻淑姑，是我的'兴奋剂'；爱妾贞子，乃是我的'安眠药'。此两佳人，一可助我写作，一可催我入眠，皆吾须臾不可离也。"民国畅销作家张恨水也是旧式婚姻的代表之一。他靠稿费起家，算是职业作家中的佼佼者。他不仅在北京买房买车，还独立创办报社，是文人中生活比较富足的一位。他的婚姻生活颇具传奇色彩，简直是爱情小说的翻版——他与胡秋霞、周南的婚史，至今已有十多个版本。张恨水之孙张纪曾说："他思想上是'半新半旧'，他的代表作《春明外史》《金粉世家》《啼笑因缘》中塑造的小说主人公大多也是半新半旧式的人物。那么就请理解他的婚姻也是半新半旧式的吧，这只能证明他的人性更丰满、更仁慈，反映出他性格中温情善良的一面。"

包办婚姻

中国古代的礼和法，都把包办子女、卑幼的婚事作为父母和尊长的特权。"父母之命""媒妁之言"是婚姻成立的要件。民国文化名人中，包办婚姻能在磨合碰撞中从一而终的就数胡适与江冬秀比较典型了。很多研究胡适的学者当然也不会放过研究胡适的内心情感，不过胡适日记里少有对女性情感的流露，不像吴宓天天在日记里寄托他对女神毛彦文的向往之情。

作为一个自由主义者和解放中国女性的倡导者，胡适却遵从包办婚姻，娶了个来自小镇的大龄小脚女人，这或许是那个时代特有的婚姻形

胡适与江冬秀

态。这也体现出胡适的性格中存有传统孝道文化的烙印，一切反叛在母亲面前显得微不足道。

1957 年 12 月 30 日，胡适与江冬秀在纽约家中举行餐会，与朋友欢庆结婚四十周年。虽然已时隔四十年，但胡适还记得结婚当日所作的两副对联"三十夜大月亮，廿七岁老新郎"；"谢他好月照日，新讨个新人过新年"。其中一句"三十夜大月亮"是徽州的一句谚语，意思是绝不可能之事。一桩绝不可能的婚姻在纷纷扰扰的生活中慢慢地稳固下来，着实不易。其实，这也与江冬秀自身的个性有关，她性格仗义，热情好客，厨艺高超，懂得对丈夫忍耐和崇拜，患难时不离不弃。他们的感情蜜月期恰恰是到了晚年之后，特别是 1949—1958 年胡适在纽约的流亡寓居时期。这段时期，胡适与江冬秀生活十分清苦，居无仆，出无车。在窄小的公寓中，胡适整天埋首做《水经注》的考证，有事才会见来访的友人；江冬秀除了做家务，还打麻将，看武侠小说。二人互不打扰，各自寻找生活的乐趣。朋友形容两人的相处模式是"亲切如夫妻，相敬如宾客"。或许这就是少来夫妻老来伴的写照。

解除婚约（离婚）后再婚

张鸣教授曾说："离婚成为问题，确切地说，是到民国才有的事。"从前只有"休妻"和"弃妇"之说，而离婚意味着男女平等地解除婚姻关系。民国初年，两千多年的封建婚姻制度遭受了前所未有的冲击，

徐志摩与陆小曼

留洋的海归作为先锋打破了中国人的传统婚姻观念。 1918 年，胡适在一次演讲时说："近来留学生吸了一点文明空气，回国后第一件事，就是离婚。"徐志摩和陆小曼大概就是这样的先锋。两人在各自离婚后走到一起，成为当时国内轰动一时的新闻事件，以至于胡适亲自将梁启超请来，作他们的证婚人。梁启超毫不客气，以前辈的身份，在婚礼现场直接对新郎徐志摩作出一番训诫。总之，徐志摩和陆小曼的婚姻在当时是相当前卫的，连徐志摩的父母都无法认可，一直没有接受这位先锋时尚的媳妇，为徐志摩后来的家庭悲剧埋下了伏笔。

私奔逃婚

　　私奔与逃婚也是民国初年常有的婚姻现象之一。1928 年，发生了一件轰动全国的"主仆情奔案"，富家小姐黄慧如和男仆陆根荣相偕私奔，最终迫于黄家势力，陆根荣锒铛入狱，黄慧如神秘暴毙。

　　同样轰动的是，赵四小姐私奔离家到奉天与张学良同居，这成为当年天津最大的花边新闻。而在民国文化名人中，徐悲鸿和蒋碧薇的私奔事件无疑最具有爆炸性。

　　蒋碧薇原名蒋棠珍，1898 年 4 月 9 日出生于江苏宜兴，父亲蒋梅笙是一位饱读诗书的学士。蒋碧薇自小跟着父亲读书，13 岁的时候，父母做主，将她许配给了苏州望族查家的二公子查紫含。蒋碧薇平常少言寡语，却又心思敏锐，拥有一种藏拙的美，不招摇，不夸张，而是安安静静，

徐悲鸿与蒋碧薇

举手投足间透着大家闺秀的风范。可是，谁也没有料到，这个安静的女子竟然会做出那么一件惊世骇俗的事情。

1944 年，徐悲鸿和蒋碧薇的婚姻生活已走到尽头，蒋碧薇向徐悲鸿索要生活费用——除了 100 幅画，40 幅古画，还有一百万元钱。徐悲鸿——照办，为了赶出那一百幅画，废寝忘食。这让很多人不能理解。或许徐悲鸿对蒋碧薇自始至终是心怀愧疚的，毕竟蒋碧薇为了他不惜背叛了家族。赶制画作造成徐悲鸿劳累过度，成为他过早离世的原因之一。

师生恋

师生恋无疑是一道艰难的选择题，无论是在民国还是在当今。民国的师生恋很多，最为人所知的就是鲁迅和许广平。他们的结合在当时遭到了巨大的舆论压力，鲁迅甚至不得不离开北京去厦门大学教书以回避批评指责的声音。他的弟弟周作人对二人相恋明确表达了反对之声，责怪鲁迅抛弃前妻朱安，喜新厌旧，还公开指责了嫂子许广平。兄弟二人也因此结怨颇深。

最为现代文青津津乐道的，是沈从文和张兆和的师生恋。在中国公学教书的沈从文，笔下的情书如狂风暴雨一般，携着不顾一切的勇气和热情向张兆和席卷而去，对方却反应冷淡。胡适曾劝张兆和说："他顽固地爱着你。"她倔强地回道："我顽固地不爱他。"虽然沈从文用尽手段最终抱得美人归，但他们的婚后生活依然是一波三折。沈从文离世后，张兆和曾写过一段话："从文同我相处，这一生，究竟是幸福还是不幸？得不到回答。我不理解他，不完全理解他。后来逐渐有了些理解，但是，真正懂得他的为人，懂得他一生承受的重压，是在整理编选他遗稿的现在。过去不知道的，现在知道了；过去不明白的，现在明白了。"

沈从文与张兆和

即便在这样一个特殊的年代，仍然有一群才华横溢的男女，以无限的勇气展示内心的情感。

老少配

婚姻中"老少配"自古有之，时常引起社会的关注，而名人中的"老少配"，更是吸引大家的目光。现代人看待"老少配"，基本是从物质角度出发，受功利主义影响。

民国文化名人中比较轰动的配对是熊希龄与毛彦文。

毛彦文，这位吴宓日记中的女神，最终没有选择吴教授，而是选择了大她33岁的熊希龄。毛彦文的选择理由非常简单：只是因为在她当

熊希龄与毛彦文

时的年龄段，需要求得一个好的归宿，不想再在情感和现实生活中颠沛流离。"当时反常心理告诉我，长我几乎一倍的长者，将永不变心，也不会考虑年龄，况且熊氏慈祥体贴，托以终身，不致有中途仳离的危险。"与熊希龄结婚，在外人看来颇不可思议，但在经历了朱君毅的背叛、吴宓的若即若离后，在毛彦文的心里，这种选择却再顺理成章不过。1935年农历正月初六，66岁的熊希龄着一身蓝袍黑褂，与头戴御珠冠，穿着白衣白缎礼服，脚穿银灰色高跟鞋，鼻架金丝眼镜的38岁女教授毛彦文，在上海摩尔教堂喜结连理。这当然是爆炸性新闻，沪上大小报纸竞相报道，《申报》更是连续几天用大版面追踪曝光。

　　此外还有跨国婚恋。民国时期的跨国恋基本是外国女士嫁给中国的海归留学生，鲜有中国女子嫁到国外。民国时期中国男人娶日本女人和俄罗斯女人为妻的着实不少。一来去日本留学的人数众多，二来他们大多是当时国内的精英，对跨国恋接受度较高，有这么一段浪漫的跨国

郭沫若与妻子佐藤富子

婚恋也是很正常，比如苏曼殊、李叔同、郭沫若、周作人等。不过自从1895 年后，中国男人在日本女性心中的地位逐步下降，嫁给一个中国男人是需要勇气的。

　　婚姻状态是社会的外在表现之一。民国是个战争频发的动荡时期，生离死别往往会造成婚姻家庭生活的支离破碎，成为一个时代的家国悲剧。民国文化名人情感婚姻，今天我们能看懂几分？

舌尖上的历史

辣椒、川菜和现代中国革命

文 | 美国阿姆斯特朗大西洋州立大学　王宏杰
译 | 天津社会科学院历史所　王静

　　善用大量辣椒的川菜，凭借麻辣口味毫无争议地成为当今中国最受欢迎的地方菜系之一。大多数中国人认为，"四川人不怕辣"，而且四川人对辛辣口味的偏爱历史悠久。但是鉴于辣椒起源于美洲（植物学上辣椒为红辣椒属）的历史共识，所以只有在 1492 年哥伦布发现美洲后，辣椒才有可能在包括中国在内的世界范围内得以传播，由此可以推断川菜以辣椒为佐料的历史应该也不会太长。这就产生了一些有趣的问题：辣椒传入中国之前，川菜最初的口味是什么？身处中国腹地的四川人究竟是在什么时候才开始接触、栽培以及食用辣椒的？为什么这个小小的外来植物会如此深刻地改变川菜，而川菜的辣又是如何影响四川人的文化认同及日常生活的？

　　毋庸置疑，辣椒在川菜以及中国社会的流行，塑造了当今大多数中国人信以为真的文化神话：对辣味的嗜爱，既造就了四川人火爆的性格（广

川菜

义上讲当然也包括其他偏爱辣味的省份，比如湖南和江西），同时也是他们大无畏的革命精神根源之一。四川民众在 20 世纪中国革命进程中的广泛参与和重要贡献，也总是被国人津津乐道。

川菜，此辣非彼辣

　　四川地处中国西南腹地，肥沃的成都平原为其中心。自古以来四川就以物产丰富而闻名天下，号称"天府之国"。最近的考古发现证明，早在公元 1 世纪，这里的先民就可以利用各种各样的食材进行烹饪。在其后几个世纪，中国北方经历频繁的政权更迭，社会动荡，大批北方移民进入四川，远离战乱的四川地区进入了经济文化繁荣昌盛时期，于是逐渐形成了一种在食材、品种以及口味上独具风格的地方性饮食文化。不难理解的是，在一个很长的历史时期内，古代川菜经常会使用一些不同风格的调味品，并且不断寻求变化，所以当地人并未表现出对某种具体口味的偏爱。汉代文人扬雄（成都人）在《蜀都赋》中提及川菜"调夫五味"的特点，就反映了不同人群的多种口味需求。

1《华阳国志》，东晋常璩撰写的一部专门记述古代中国西南地区地方历史、地理、人物等的地方志著作，记录了从远古到东晋永和三年巴蜀的出产和历史人物。

成书于公元4世纪的《华阳国志》[1]应该是最早提到四川人偏好吃辣的，此书明确提到四川先民"尚滋味""好辛香"。今天四川人也自然而然地据此证明四川人崇尚食辣的悠久历史。然而并没有证据表明辛辣滋味是当时四川饮食有别于中国其他地方菜系的独有特色。同时，我们也不得不怀疑最初的川菜在味道上能有多辣，因为当时中国人使用的只能是传统的调味品和香料，比如姜和花椒，所以古代川菜不太可能有今天辣椒带来的真正辣的味道。

花椒可以说是一个探讨在辣椒传入前川菜"辛辣"口味的最好例子。花椒在古代中国饮食文化中历史悠久，中国人食用花椒至少有两千多年的历史，而花椒作为古代中国人主要调味品的历史一直延续到16世纪。因为花椒起源于四川盆地（这也是英文中花椒名字 Sichuan Pepper 的来源），颇受当地四川人喜爱，他们经常用花椒来给茶和酒提味，当然也包括日常烹饪。16世纪之后，当大多数中国菜系不再将花椒作为

四川花椒

常用调料时，四川人却始终执着地将花椒用于烹饪。花椒那种独特的麻味，最后与新传入的辣椒一起，终于创造出当今川菜最独特的味道——麻辣。

历史上的川菜已发展出了不同的口味，但当需要"尚滋味"和享受辣味的时候，必然会倚重花椒这样的本土调味品，但由此产生的味感应该是麻而非辣。历史证明，只有当辣椒传入中国并渗透至四川地区后，川菜才真正地变辣了。

当辣椒成就川菜

辣椒原产美洲，15 世纪以前的欧亚大陆居民对辣椒仍一无所知，直到哥伦布（1450-1506 年）开启了伟大的大航海时代，这种长着红色果实的植物连同玉米等其他作物才从新世界传到了旧大陆。但是，辣椒是何时以何种方式和途径从欧洲传入中国尤其是四川地区的，我们难以确定。

在哥伦布发现美洲以后，辣椒传入中国无论是通过陆路或海路，都是有可能的。一种可能是在 16 世纪，辣椒从欧洲经过阿拉伯沿著名的丝绸之路而首次传入中国。当然辣椒也有可能从印度经由南方丝绸之路（也称茶马古道）进入中国内陆。我们知道，葡萄牙航海家达伽马在自 1498 年开辟欧洲通航印度航线后，印度一直是从里斯本出发的葡萄牙商船的主要东方目的地，来自美洲的辣椒自然也会是葡萄牙人携至东方的作物之一。如果这条古老的茶马古道是辣椒传入中国的最初路线的话，四川可能是中国最早引进辣椒的地区之一。

当然，海路也很有可能是辣椒传入中国的渠道。鉴于中国东南沿海与东南亚之间的海航贸易由来已久，辣椒也有可能在 16 世纪就通过印度或菲律宾商人从海上传入中国。今天不少四川人仍称辣椒为海椒，而这一称谓也许就暗示了辣椒的海路来历。遗憾的是，在最早明确提到辣椒的明代养生专著《遵生八笺》[1]（写于 1591 年）中，我们并没有发现任何有关辣椒引入和传播的线索。

有意思的是，当辣椒在 16 世纪传入中国后，并没有马上影响到中国菜肴的味道。最初辣椒只是被中国文人视为一种新奇的园艺植物，并起名为"番椒"，以表明辣椒的舶来品身份。辣椒具体是在什么时间、从什么地方传入中国的，仍然难以确定。那些认为辣椒是通过

1《遵生八笺》，明代高濂所撰，全书分为《清修妙论笺》《四时调摄笺》《却病延年笺》《起居安乐笺》《饮馔服食笺》《灵秘丹药笺》《燕闲清赏笺》《尘外遐举笺》八笺，是一部内容广博又切实用的养生专著，也是我国古代养生学的主要文献之一。

海路传入中国的人，也许想当然地认为中国沿海地区应
该最先开始食用辣椒，但这一推测没有在中国东部沿海
各省的饮食口味中得到证实，今天我们很少会在沿海一
带的地方菜系中看到辣椒的影子。不少学者认为，四川
邻省贵州的土著人最先将辣椒作为盐的替代品来食用，
因为在 17 世纪晚期至 18 世纪早期的贵州地区，盐一直
十分稀缺。现在尚未有证据表明四川人是否也在同一时
期食用辣椒。甚至到了 18 世纪中期，在四川文人李化
楠所撰的饮食专著《醒园录》[1] 里，我们也难发现有关
辣椒的一丝踪迹。直到 19 世纪，一些当地的地方史志中
才开始出现四川地区种植和食用辣椒的记录，尽管实际上
很可能早在几十年前这种情况就已经开始了。

1《醒园录》，
清朝进士李化楠
所撰的一部饮食
专著，由其子李
调元编刊成书。
记载了一百二十
多道菜式，上卷
主要记载荤菜的
做法和保藏法，
下卷主要记载糕
点、蔬菜、酱菜、
饮品、乳品、蛋
品的制法。

四川辣椒

可以肯定的是，四川人将辣椒作为调味品的时间并没有认为的那么早。但随后的历史证明四川人以最快的速度达到了对辣椒的痴迷。在一份清末文人傅崇矩 1909 年记于《成都通览》中的川菜菜谱上，辣椒多次出现，显然这一时期辣椒已成为最重要的香料和调味品之一。清末人徐心余在其《蜀人闻见录》叹服地写道："惟川人食椒，须择其极辣者，且每饭每菜，非辣不可。"

辣椒，川菜和川人认同

在中国历史上，四川以成都平原为中心构建了一个长达两千年相对稳定的政治、经济、文化区域。四川盆地东面巫山，南枕大凉山，西临岷山，北对大巴山、米仓山，从长江出三峡绝壁。在这个基于地理环境形成的稳定地区，无论是土著居民还是外来移民，自然而然形成了一种独特的地方认同，这种认同的形成甚至可以追溯到远古的巴蜀时代。四川历史上经历了一系列地方政权的军事割据，如蜀汉（221-263 年）、成汉（304-347 年）、前后蜀（891-965 年）等，而几乎每一个割据政权都在不断维持和强化这种地区认同，以此来对抗北方霸权中心的控制。承载地方独特文化因子的方言、服饰以及风俗当然还有饮食，也必定对地方认同的塑造和延续产生难以忽视的影响。如果古代川菜并未发展出这种最初的认同感，那么在辣椒传入后这种情况就发生了巨大的变化。"辣不辣，家乡人"，在四川人眼里，对辣椒的偏爱与四川人身份认同之间有着不可分割的天然联系。

值得一提的是，川菜引入辣椒并不是一个孤立的历史现象，而是与18 世纪和19 世纪长江中上游地区的大规模移民潮相吻合。在这段时间内，"外来者"不断适应新环境，并在新的环境中形成新的地方认同。明末清初，历经战乱的四川人口下降，17 世纪清政府开始推行移民政策以补充四川人口，史称"湖广填四川"，大概有超过百万的农民从人口稠密的湖广（今天的湖南和湖北省）地区迁移至四川。这些新"四川人"大多数为贫苦农民，坚忍勇敢而好斗，他们很快就接受了便宜但味道刺激的辣椒来改善他们单调的食谱，增强食欲。"辣子是咱穷汉子的肉"，四川民歌小调如是唱道，足见辣椒在普通四川人心中的地位。也许这也解释了为什么在《醒园录》看不到辣椒的影子，对于中过进士当过知州的作者李化楠而言，这个普罗大众热衷的辣椒当然难登大雅之堂，上不了官席台面。然而具有讽刺意味的是，正是这种便宜无比的外来辣椒以其辣味最后压倒了历史上"正宗"的川菜味道，并取而代之。

自辣椒引入之后，川菜以其独特的烹饪风格荣列中国"八大地方菜系"。在今天川菜三十多种口味中，独特的麻辣口味当之无愧脱颖而出。这种独特的麻辣口味很快就成为四川各阶层大众共同偏爱的口味。一些来自于底层社会而广为大众喜爱的菜肴就证明了辣椒在川菜革命中的重要作用。其中，麻婆豆腐可能是今天最流行的一道川菜。据说清代同治年间，成都万福桥一家小饭铺老板娘，因她面上有麻子，人称陈麻婆，她做的烧豆腐也被称为陈麻婆豆腐，这道菜深受打尖的脚夫苦力喜爱。很快，这道便宜且美味的菜肴遍及大众百姓与达官贵族的餐桌。到上世纪之交，川菜以其辛爽辣味广受大众喜爱，而这新形成的现代川菜也使得不同社会阶层的界限模糊化，在日常文化上加深川人认同感。

这种地方认同感与川菜之间的联系也可通过旅外四川人加以解释。自清末以来，大量的川籍商人遍布全国，在不

川菜代表之一——麻婆豆腐

四川成都川菜馆——陈麻婆餐馆

少城市建立了以同乡为纽带的会馆，会馆不仅为川籍同胞提供帮助，也常常提供地道川菜来缓解他们的乡愁。在这里，川菜成为客居他乡的川籍老乡认识彼此、怀旧感念的载体，无时无刻不在提醒着他们的川人身份。清末以来，四川餐馆很快遍布全国，川菜与四川其他文化元素一道，通过一种连续的历史和共同的未来，在将省籍塑造为一种社会认同的过程中，起到了重要作用。

辣椒与中国革命

中国伟人毛泽东，来自另一个嗜辣省份湖南，酷爱辣椒，众所周知。主席名言"不辣不革命"也曾让众多国人以勇于吃辣而自豪。近年来随着中国"毛泽东热"的兴起，吃辣也往往被视为是一种性格特征，代表了坚强、勇敢和忍耐，换句话说，就是"革命性"。历史的巧合在于，现代中国革命的的确确与四川及其邻近"辣"省（湖南、湖北、江西、贵州等）有着千丝万缕的联系。

　　在不少人特别是四川人看来，中国现代史上一系列的革命和战争，四川所发挥的作用有力证明了嗜辣与川人勇敢性格的紧密联系。例如辛亥革命的胜利，归其原因，四川人民轰轰烈烈的保路运动居功至伟。正是因为清政府从湖北调兵镇压四川人民运动，革命党才顺利实现了武昌起义，最后推翻清廷。孙中山先生曾评论道："如果没有四川的保路同志军起义，武昌起义或者要推迟一年半载。"同样，在抗日战争中，四川成为国民政府的大后方，重庆作为陪都，四川为抗战提供了350万人的兵源，几乎每15个四川人中就有1人上了抗日前线，在整个八年抗战中有64万名川籍战士为国捐躯。这些足以印证"无川不成兵"的共识。

　　嗜辣人群在中国共产党领导的人民军队中一样引人注目。在中国人民解放军1955年授勋中获得少将以上军衔的1052名将领中，至少有82%的将领出自四个主要的"辣"省（四川、湖南、湖北和江西），其中包括十大元帅中的八位，67名大将、上将中的50位[1]。毛泽东从不讳言辣椒在他革命生涯中的重要作用。据红军时期的共产国际代表李德回忆，毛泽东嘲笑他不敢吃辣，说"真正革命的食粮是红辣椒"，"谁不能吃辣椒，谁就不能战斗"。至于主席"不辣不革命"的名言早就流传甚广。毛泽东的一位老战友邓小平，中国改革开放的"总设计师"，是一位典型的四川人，他也喜食辣椒应该是毫无疑问的。

　　当然，喜食辣椒养成革命性格究竟有多少科学依

1　关于将军籍贯情况，具体说明如下：八位元帅中，湖南省三位：彭德怀（湖南湘潭人）、贺龙（湖南桑植人）、罗荣桓（湖南衡东人）；四川省四位：陈毅（四川乐至人）、朱德（四川仪陇人）、刘伯承（重庆开县人）、聂荣臻（重庆江津人）；湖北省一位：林彪（湖北黄冈人）。"67名大将、上将"包含了10位大将，55位上将，加上后面补授的2位上将，一共67人。其中来自四川、湖南、湖北、江西的大将有9人，上将41人（1955年39人，后面补授2人），一共50人。

广西阳朔一家四川餐馆的广告，上面写着："不红不革命，不辣不高兴。"

据，学界仍在探讨。也许将其视为大众饮食文化中一种充满罗曼蒂克式的想象可能是更好的选择。但我们必须承认，辣椒与革命一旦建立了关联，这种关联势必影响人们的文化心理与期待。今天的中国人会很自然地用辣椒和川菜去理解和定义四川和四川人。对普通中国人来说，辣椒在中国的真实确切的传播史也许并不重要，"辣椒性格"理论是否科学也不重要，最重要的是，辣椒带来的辣味已经无可抵挡地征服了我们的餐桌。特别是对于四川人而言，辣椒和川菜已经成为四川文化精神的象征，承载了川人集体的记忆和自豪。从这个意义上讲，套用毛主席那句名言，我们可以说，"无辣不成川"。

没有番茄的亚平宁
——中世纪的意大利餐桌

文 | 专栏作家 邢琳琦

　　提到意大利菜，让人最先想到的就是各种番茄味的家庭料理。意大利人对"祖母味道"的迷恋和传承，似乎让人觉得意大利菜从古至今一直是这个味儿。然而，番茄、土豆、玉米、辣椒这些在意餐中举足轻重

中世纪的意大利餐桌

的食材全部是在 16 世纪才从美洲大陆漂洋过海来到意大利人生活中的。想象一下，没有番茄的意大利面，没有土豆的土豆面疙瘩（gnocchi），没有玉米的玉米糊（polenta）……这样的意大利菜怎么样呢？很想回到中世纪，看看意大利人到底在吃些什么……

蒙田

肉，红白肉之爱的逆转

和西北欧的国家相比，肉类对于中世纪的意大利人来说没那么重要。法国人文主义思想家蒙田[1]（Michel de Montaigne，1533-1592 年）在从意大利回来后，就曾在旅行札记中写道："（意大利）这个国家没有食用大量肉类的习惯……"意大利文学批评家卡斯特尔维屈罗（Lodovico Castelvetro，1505-1571 年）认为，意大利人之所以没那么依赖肉类（喜爱食用蔬菜和水果），是因为他们希望在有限的土地上找到更多不同的食物来养活众多的人口，同时每年长达九个月的高温天气也让意大利人厌倦了厚重的肉类。

虽然意大利人对肉类没有那么痴迷，但肉类在意大利中世纪菜单中还是占据了核心位置。一顿中世纪意式大餐中，势必以蔬菜、水果开场，以汤类、面类和炖煮类菜肴奠定基调，以烧烤的肉类将宴会推向高潮，以挞类[2]和咸的肉派平复肠胃，最终以甜点、干果和香料小食收尾。只有在基督教的斋戒日才会用鱼、蛋类食物代替肉类的主角地位。

在中世纪盛期（11-13 世纪），因为对森林的开

1 蒙田，法国文艺复兴后期人文主义思想家、批评家。主要作品有《蒙田随笔全集》《蒙田意大利之旅》。

2 挞类，"挞"为意大利文"torta"的音译，意指馅料外露的馅饼。蛋挞即以蛋浆为馅料的"挞"。

发和利用，猪肉一度是意大利社会各阶层最为推崇的肉类，鲜猪肉和猪肉制品都是城乡人民喜爱的食物。而人们养羊多半只是为了获得羊奶（羊奶当中也只有很少部分被农民直接饮用，大多都用来制作奶酪）。各种野味是中世纪贵族极为推崇的，展示一只猎获的牡鹿、野猪或熊，炫耀武力的意味似乎比品尝野兽味道本身的意义更大。而烤孔雀肉和天鹅肉更是罕见的珍馐，只有在规格极高的宴会上才会出现，虽然有人认为它们味同嚼蜡。

到了 13-14 世纪，意大利上流社会的口味发生了变化，追求清淡优雅的味道成了一种趋势，这种趋势迅速在城市居民中占据了上风。于是大家对禽类趋之若鹜，无论是阉鸡和鹅类等家禽，还是雉鸡、石鸡、鹌鹑等野禽，都是城市人的心头好，连搭配肉类的葡萄酒也是以味道清

制作家禽类食物

雅的白葡萄酒为宜，红葡萄酒则是粗人的杯中物。让人觉得讽刺的是，就在几个世纪之间，禽肉还被视为低俗的肉类，完全不能入贵族们的法眼呢。与此同时，曾经风光无限的红肉沦为农村人喜闻乐见的食物了，猪肉虽然仍然被广泛用于烹饪和制作香肠等猪肉制品，但其地位早已大不如前。到了中世纪晚期，意大利的城里人认为猪肉甚庸俗，而牛羊肉更能彰显他们的生活品位。牛肉，尤其是味道清淡、口感细腻的小牛肉，更符合此时意大利人的美食观，于是开始在意大利流行起来。与欧洲其他国家相比，小牛肉在意大利受青睐的时间更早、程度更深。15世纪早期，意大利医生萨索利（Lorenzo Sassoli）曾经给他的病人——当时欧洲富豪榜排名极靠前的商人弗朗西斯科·达梯尼（Francesco Datini）——两条建议：第一，尽量多吃斑鸠，因为在所有肉类当中，此物最能慰藉心灵；第二，尽量多吃小牛肉，因为此物最为营养健康。

　　顺便说一下油脂的问题。现代意大利人多用橄榄油烹饪，所以很难想象中世纪的意大利人也曾让猪油蒙了心。在中世纪盛期，橄榄油只是在基督教斋日的时候使用的清淡油脂，而在非斋日人们普遍用猪油烹饪。这与此阶段猪肉的流行是相辅相成的。黄油是很晚才进入意大利人的生活的，即使在 15 世纪，意大利美食家普拉提纳（Bartolomeo Platina，1421–1481 年）还认为"黄油应该主要在西欧和北欧那些没有橄榄油的地方使用"。直到 16 世纪，黄油才成了意大利贵族们的新欢。

鱼，清心寡欲之选

　　在中世纪，受基督教的影响，意大利人每周三、周五、周六以及节日前夜和大斋期（Lent）都要节欲。这也包括不能食用肉类，于是在这些寂寞的日子里，鱼类就代替肉类充当了餐桌主角。

　　在罗马帝国时代，海鱼地位极高。但到了中世纪，鲜美清淡的河鱼

教皇皮乌斯五世的私厨斯盖皮

成了新宠，这与意大利人对肉类的审美情结有异曲同工之妙。关于海鱼为何被冷落，普拉提纳说："人们认为海鱼不健康，吃起来会让人觉得非常口渴。"

在所有鱼类当中，鲟鱼是最受推崇的，人们认为它那种精美优雅的气质特别适合贵族。在教皇皮乌斯五世的私厨斯盖皮（Bartolomeo Scappi，1500-1577年）的 *Opera* 一书中，关于鲟鱼的食谱就有23个之多。鳗鱼也是人们喜欢的鱼类，在运输和保鲜技术有限的中世纪，经过长距离运输仍然保持鲜活是鱼类最为可贵的品质之一。此外，鳟鱼、牙鲷、鲤鱼、河鳟、七鳃鳗也是中世纪意大利食谱中的座上客。

蔬，没有番茄也不孤单

在意大利最早的菜谱集 *Liber de coquina*（13世纪末至14世纪初）中，蔬菜被放在最前面，蔬菜部分又是以十个圆白菜菜谱作为开篇，接下来是菠菜、茴香、某些小绿叶菜和鹰嘴豆、豌豆、蚕豆、小扁豆和四季豆等豆类。

在同时期托斯卡纳地区的菜谱中，萝卜代替了圆白菜的位置，成了众多蔬菜菜谱的主角，葱也是托斯卡纳菜单中必不可少之物。此外，菜谱中还提到了甜菜、生菜、玻璃苣、南瓜、芦笋和芜菁甘蓝。

圆白菜和萝卜被广泛食用并不奇怪。圆白菜是欧洲原生蔬菜，早在公元前一千多年凯尔特人就开始种植圆白菜，古希腊和古罗马人还认为圆白菜有药用功效，可以缓解痛风、头痛、蘑菇中毒等。而萝卜也是古希腊和古罗马时期就开始被广泛种植的蔬菜。当然，这里所说的萝卜是turnip，白色、紫色、红色或绿色的圆形萝卜，不是中餐常见的长长的白萝卜（daikon radish）。

洋蓟也是中世纪意大利人追捧的蔬菜之一。早在古希腊和古罗马时期，洋蓟就已流行开来，关于食洋蓟壮阳的传闻也推动了欧洲各国的洋蓟热。但是，中世纪的意大利人除了烤洋蓟、煮洋蓟以外，也生食洋蓟，这是令很多同时代的外国友人瞠目结舌的事。

洋蓟

蒜、葱和洋葱等辛辣之物是农民餐桌上的代表性食材。但是蒜味酱汁同样可以用来搭配高级的肉类，出现在贵族的餐桌。所以，在中世纪，很多食材并非某一阶层的专属，因为很多菜肴都是以极简单的方式烹饪，如果不是添加了高贵的香料，贵族餐桌和平民餐桌的很多菜品看起来也许是高度相似的。

主食，容易被误解的食物集中营

早在罗马帝国时期，polenta（面糊）就是人们经常食用的食物之一，只不过那时的主要原料是大麦、麦米、栗子粉、小米、鹰嘴豆或斯佩耳特小麦，也有用干燥后的豆类来制作的。直到16世纪玉米传到欧洲，polenta才变为真正的"玉米糊"。polenta用料朴素、烹饪方法简单，是适合平民的饭食，也同样适合病人。但是添加了精致肉类、糖和香料的polenta也出现在了斯盖皮主厨的高级菜单中。

在中世纪，大多数人并不在家中烤制面包。因为烤箱是稀缺的，烧热一次烤箱又需要大量的燃料，还有消防隐患，所以最经济的办法就是集中烤制面包。拥有烤箱的人要么是贵族，要么是专门的面包师，当然，有些农村社区可共有。总之，想随心所欲烤个面包给家人是非常奢侈的想法，还是做个扁平木讷的死面饼靠谱得多。从使用的面粉上也看得出阶层的差异，贵族们可以吃得上雪白的小麦面包，而平民只能吃颜色暗淡的燕麦面包（北方）和大麦面包（南方）。

虽然古罗马时期人们就开始制作类似千层面的面片类食物，但直到中世纪，意大利面才逐渐变成接近现代的样子。和现代意大利面追求筋道的口感不同，中世纪人喜欢吃煮得完全软烂的意大利面。15世纪意大利名厨马蒂诺（Maestro Martino）就在他的西西里通心粉菜谱中写道："通心粉必须煮上两个小时！"这样的通心粉一定是现代人所不能想象的境界。意大利面可

烤面包

以搭配肉类、禽类、鸡蛋和芝士，食出一片繁荣的局面，也可以一碗素面朝天。事实上，贵族们的吃法是拿意大利面当"配菜"，而平民的吃法是拿意大利面当"菜"，土豪和土鳖的差别显而易见。

不过请注意，虽然餐叉在11世纪已然传入亚平宁半岛，但到14世纪晚期才在意大利普及，所以对着一碗热气腾腾的意大利面心急火燎又无从下口的局面可能困扰了意大利人很多年。但考虑到餐叉是在两个世

纪之后伴随凯瑟琳·德·美第奇[1]的出嫁才传到欧洲其他国家，意大利人在中世纪欧洲已然是美食界的优雅先锋了。

和很多人想象的不同，在中世纪，与面包、汤、蔬菜和肉相比，意大利面并不是意大利餐桌的必需品。原因很简单：当年意大利面的制作成本很高。直到 1501 年意大利面才被纳入政府控制物价的基本食物之列，而此时千层面和通心粉的价格还是面包的三倍。直到 17 世纪，意大利面才成了特别平民化的食物。

虽然现代版本的披萨是源自 18-19 世纪的那不勒斯，但面饼加馅料的组合却是从古希腊和古罗马时代就有的发明。因为番茄是 16 世纪才传到欧洲的，之前的面饼上只能放点别的。古希腊的版本是面饼上点缀橄榄油、芝士和香草，古罗马的版本是面饼上撒着蜂蜜、芝士和月桂叶。到了中世纪的意大利，则是不同内容的挞，最常见的是蔬菜挞，也有加鱼、谷物、水果等原料的，然后用芝士和鸡蛋把各种原料集结在一起，形成一团和气的局面。很多时候，面饼并不是用来食用的，而是用来包住所有的馅料，所以众多菜谱中反复强调要把面饼做的"固若金汤"。

Liber de coquina 里提到了一个特别让人眼花缭乱的挞——Parmesan torta。这个挞的面饼上有六层馅料：混合了洋葱和香料的炸鸡、白色和绿色的芝士意大利饺、肉肠和火腿、裹了芝士和鸡蛋的猪

1 凯瑟琳·德·美第奇，法国瓦卢瓦王朝国王亨利二世的妻子。她出生于意大利的佛罗伦萨，是洛伦佐·德·美第奇和法国公主玛德莱娜·德·奥弗涅的女儿，幼年时父母双亡，被送到修道院接受教育。

凯瑟琳·德·美第奇和他的孩子

早期的披萨

肉片、内脏香肠、杏仁和糖调味的意大利饺……每层上面都点缀着枣和香料。这个庞然大物上面会再盖上一层装饰着李子的面饼，然后放到砖炉里烤，烤的时候厨子还要时不时地掀开上盖，添加一些猪油。最后这个华丽丽的"巨无霸"会呈给最尊贵的贵族。从原料浓浓的阿拉伯风情不难猜出，这个菜谱来自埃及。

调味料，"酸甜"情结与香料搭配心得

古罗马人推崇"酸＋甜"的味型，"酸"来自醋，"甜"来自蜂蜜。他们也喜欢用蜂蜜加鱼露制成"甜咸"口味儿的菜。这样的搭配在阿匹西乌斯（Apicius）的《论烹饪的艺术》（*De re conquinaria*）中比比皆是。到了中世纪盛期，阿拉伯人给意大利带来了柑橘科水果和蔗糖，一定程度上代替了醋和蜂蜜在意餐中的作用。在受阿拉伯影响较大的意大利南部，这种改变尤其显著。此外，红酒、酸葡萄汁也在烹调中广泛使用。长久以来，意大利人都偏好酸甜口味，这就很容易理解为何番茄来到欧洲之后会被意大利人义无反顾地揽入怀中。

从古罗马开始，香料就是贵族餐桌不可或缺的东西。到了中世纪，对香料的搭配和使用有了更清晰的脉络。中世纪科学认为，来自香料的"热量"可以帮助消化和吸收食物。所以，人们不仅用香料做菜，也会在餐后蜜饯中加入馅料，还会饮加了香料的酒。在彼时的威尼斯菜谱中，列明了三类不同的香料组合，清淡型（适合鱼类和味道清雅的食物）：1/4 盎司[1]丁

> 1 盎司，英制重量计量单位，为一磅的十六分之一，旧称英两或唡，约等于28.3495克。

香，1盎司姜，1盎司肉桂花，1片月桂叶；浓郁型（适合烤肉等）：1/4盎司丁香，2盎司黑胡椒，荜拔[1]若干，2个肉豆蔻；温和型（适合几乎所有菜式）：1盎司胡椒，1盎司肉桂，1盎司姜，1/8盎司丁香，1/4盎司藏红花。除了香料，意大利人还喜欢用杏仁和榛子粉来增加香甜味和黏稠度。

最后不得不提的是，在一顿中世纪意大利大餐中，有时会穿插一些余兴节目，同时会呈上一些浮夸的菜肴，比如装饰着金色羽毛的野禽，或是用自身羽毛装饰复原的烤小鸟。当然，最令人印象深刻的还是名厨马蒂诺所记载的令人大跌眼镜的"飞鸟派"：

做一个很大面壳，在底部开一个拳头大的洞，填满面粉，放在烤箱里烤熟，再倒出面粉。做一个小派，上面放上各种可口馅料，烤熟后将小派放到大面壳底部的洞里，小派的大小刚好与洞口吻合。在上桌最后一刻，在面壳里放上尽可能多的活的小鸟，盖上盖子。在宴会宾客面前，打开盖子，让小鸟飞出，目的是取悦宾客。为了不让他们感到被欺骗了，最后可以切开小派，让大家分享。

至于那个被很多只小鸟践踏过的小派最后成了什么样子，欢天喜地的马蒂诺主厨并没有说……

香料

1 荜拔，胡椒科胡椒属多年生草质藤本植物，在中国南部、西南部地区广泛分布。喜欢高温潮湿的气候，其未成熟果穗用作香料，另外还具有很高的药用价值。

切一片美味的历史：
切片面包诞生记

文 | 复旦大学　黄尽穗

当你要形容一件新奇又有趣的事物时，你会用什么词？美国人往往会用一句极可爱的俚语："这真是自切片面包以来最棒的发明！（This is the best thing since sliced bread!）"

其实切片面包的历史并不十分悠久，屈指算来也不过百年。那么，它究竟有何等魅力，能走进千家万户，更成为人们时常挂在嘴边的一项"最棒的发明"呢？

艰难的诞生

面包的起源很可能只是个美丽的错误。六千多年前，古埃及人便已学会用小麦粉加水揉成面团，放入土窑中烤成面饼。而不知是哪位厨师偷了个懒，让面团在温暖潮湿的空气中待久了点，空气中的野生酵母落入面团，并产生二氧化碳，把面团撑得蓬松柔软。这便是最早的面包了。

面包大概是最方便的主食之一，不像面条米饭需要现做现吃，面包出炉后可以放好几天，随时切出来几片，配一点肉食蔬菜，便足以果腹。18 世纪，三明治横空出世，又在 19 世纪风靡美国。作为三明治的主角，切片面包的地位便愈显尊贵。

然而，当时的面包店并不售卖切片面包，家庭主妇们只能买回整条面包后自己切片。为了迎合大众口味，商业化生产的面包往往做得水分多而柔软，需要极锋利的锯齿刀和高超的技艺才能将其切片。即便如此，手工切的面包片多少会厚薄不匀，做出来的三明治也不太周正，切面包片于是成了家庭主妇们最头疼的一项任务。

奥托·罗威德尔（Otto Rohwedder）注意到这个现象，嗅到了一丝商机。这位生于 1880 年的德裔美国人天生具有商业头脑，从 21 岁开始在珠宝商店当学徒，四年后便开始自立门户。到了 1912 年，他已经拥有三家珠宝店，并开始设计自己的珠宝加工仪器了。

在罗威德尔看来，切片面包可能比珠宝更有市场，如果能制作出一款面包自动切片机，应该会很受欢迎。当然，骨子里的德国式严谨使他没有轻举妄动。罗威德尔在报纸上刊登了一份调查问卷，以了解主妇们最偏爱的面包片厚度，几个月之后便收集了来自三万名家庭主妇的反馈。他大受鼓舞，在 1916 年毅然卖掉了三家珠宝店，将所有资金投入到面包切片机的研发当中。郊区的一间废弃仓库就是罗威德尔的工作室，里面堆满了机器草图和各种工具。

然而，研发过程并不如想象中的顺利。要将面包切片不难，但切片后的面包接触空气的面积增大，水分蒸发更快，保质期也大大缩短。为了攻克这一难题，罗威德尔借鉴了帽针（Hatpin）的造型，用长长的金属针穿过面包，两头固定起来，以保证面包片紧紧贴合在一起，试图减缓它变硬的速度。且不说在面包里穿针的想法有多么影响食欲，实践证明，金属针两头的固定部件极易脱落，并不能起到保鲜的作用。

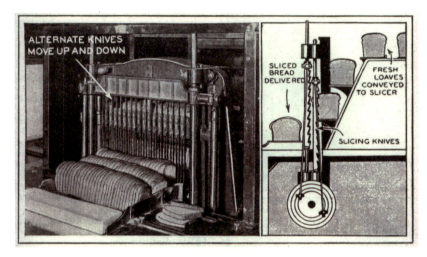

罗威德尔的切片面包机

1917 年，罗威德尔又遭遇了一次挫折。他的工作室意外失火，一年来废寝忘食画出的上百张草图和制成的样机都付之一炬。这次打击使罗威德尔陷入低谷，他不得不找了一份工作养家糊口，又努力寻找投资人来支持他的进一步研究。罗威德尔整整等了十年，才终于筹集到足够资金，造出第二台面包切片机。这次，他设计出了自动包装面包的程序，并改用厚蜡纸作为包装纸，隔绝了水分蒸发，解决了切片面包容易变硬的问题。

面包新纪元

可惜切片面包的曲折身世尚未结束。1928 年 11 月 26 日，罗威德尔为他的切片机申请了专利，并成立了专门的公司以销售机器。当年的《现代力学》杂志上的文章将罗威德尔的机器大大夸奖了一番："机器上装了一排锋利铮亮的刀片，它们的位置经过精确调校，落下时将面包利落切片，抬起时又使面包片自动合拢，紧紧贴在一起，保证面包的新鲜。"

夸奖归夸奖，面包店老板们却根本不买账。毕竟，罗威德尔的机器足足宽 1.5 米，高 1 米，把这么一个庞然大物供在厨房里，却只能切切面包，想来实在不是一笔划算的交易。他们认为，长条面包卖得好好的，没有必要妄做更改：顾客们根本不在乎面包有没有切片。几个月间，罗威德尔的机器无人问津。此时，罗威德尔的朋友弗兰克·本奇（Frank Bench）的面包店因经营不善，濒临破产。在罗威德尔的再三恳求下，本奇勉为其难地答应试试这台机器。

本奇面包房为切片面包打出的广告

　　1928 年 6 月 7 日，美国密苏里州的奇利科西面包房售出了史上第一袋机器生产的切片面包，标志着切片面包新纪元的开启，这一天也恰好是罗威德尔的生日。这款名叫"克林梅德"（Kleen Maid）的面包大受欢迎，很快就被抢购一空。本奇的面包房也起死回生，在几个星期间，销量就翻了 20 倍。闻风而来的记者对此毫不吝惜溢美之词："这些面包片干净利落，比任何人用面包刀切出来的都要整齐。这无疑会是一个广受欢迎的新发明。"当地的《宪法论坛报》刊出了整页的报道："这是自面包被包装售卖以来，烘焙行业最大的一个进步。"这也就是俚语"自切片面包以来最棒的发明"的雏形。

　　消息传得很快，两年后，美国大陆烘焙公司（Continental Baking Company）找上了罗威德尔，合作推出了切片的"奇妙面包"（Wonder Bread）。奇妙面包这一品牌早在 1921 年就已诞生，这种面包的卖点是品质稳定，质地纯净洁白，最重要的是能够长时间保持柔软口感，简直就是为了切片而生的面包。两者一拍即合，切片的"奇妙面包"销量大增，而罗威德尔的切片机也随之流行起来。到了 1933 年，全美国几乎所有的面包房里都放着一台面包切片机，每年售出的面包中，有 80% 是切片面包。

切片"奇妙面包"的广告

　　可惜，作为"切片面包之父"，罗威德尔却没有得到应有的回报。受到经济大萧条的冲击后，罗威德尔不得不将专利权卖给一家机械制造公司麦克威高（Micro-Westco），自己则成为公司烘焙机器部的部长。虽然拿着尚算优渥的薪水，但相比于切片面包在全美创造的庞大利润来说，实在不值一提。如今，"奇妙面包"仍是美国屹立不倒的品牌，而罗威德尔的名字却很少有人提起了。

二战中的"切片面包禁令"

自切片面包诞生后，家庭主妇们都沉浸在不用切面包的喜悦之中，然而好景不长。1939 年，二战爆发，1941 年珍珠港事件后，美国宣布参战。为了应对战时的物资短缺，美国食品局决定禁止切片面包出售。食品局局长克劳德·维卡德（Claude R. Wickard）宣称："切片面包需要用更厚的蜡纸来包装，以防干硬。因此，我们希望通过禁止切片面包来节省纸张并降低面包生产的成本。"

1943 年 1 月 18 日，这条禁令正式生效。主妇们不得不翻箱倒柜地找出锯齿刀，大清早把丈夫从床上拖起来帮自己切面包，并与其他主妇一起同仇敌忾地咒骂食品局。《纽约时报》上刊载了一封怒气冲冲的读者来信："我真该让你们看看切片面包对于一个家庭的正常运转有多么重要的意义。我的丈夫和四个孩子每天都得急匆匆地吃完早餐赶着出门，如果没有切片面包，我就得自己给他们每人切两片面包——也就是十片。中午，每人要吃两个三明治，再加上我自己的一个三明治，我就得匆匆忙忙地切出二十二片面包。而且，这些面包显然没有机器切得整齐漂亮，做出来的三明治卖相也差许多。我倒是想自己买一台面包切片机，可是我连一把锋利点的刀都买不起。"

食品局起初不为所动，甚至警告那些私自售卖切片面包的面包房："这对那些遵守规定的面包房来说是非常不公平的竞争。必要的时候，我们会采取强硬措施。"然而，到了三月份，舆论批评甚嚣尘上，而切片面包也屡禁不绝，食品局最终不得不取消这一禁令。维卡德承认："禁止切片面包似乎没什么明显的节约效果。再说，根据战时生产委员会的数据，纸厂和面包厂储存的蜡纸够我们用好几个月的了。"而为了庆祝禁令的解除，《纽约时报》放出了一个大标题："切片面包重新开售，主妇们再也不用担心拇指被切掉了。"

绝处逢生的吐司机

提到切片面包，就不能不提到烤吐司。"吐司"（Toast）就源于拉丁文的"烧烤"（Toastare）一词。早在古罗马时期，烤面包片就已经是很受欢迎的食物了。烤吐司金黄焦脆的表面能与各类黄油、果酱完美契合，而且，放久了变干硬的面包，只要放在炉上烤一烤，竟也可以起死回生，变成香脆可口的小零食。因此，在 17 世纪，人们就已制造出专门的烤吐司工具了。

电吐司机的发明比面包切片机还要早些。1893 年，苏格兰地区的艾伦·麦克马斯特（Alan MacMasters）发明了最早的电吐司机，但一次仅能加热单面吐司，需要人在旁边守着，适时将它转到另一面，稍不注意就容易烤焦，裸露在外的加热丝也十分危险。

17 世纪的烤吐司工具

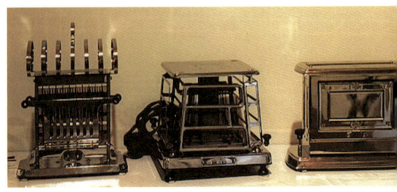

各种老式吐司机

其后十余年间，人们对吐司机进行了各种各样的改造，但都不尽如人意。1919 年，查尔斯·斯莱特（Charles Strite）发明了全自动吐司机，能够自动双面加热吐司片，再自动将烤好的吐司弹出。随后，他创建了沃特世（Waters Genter）公司，并在 1926 年正式面向市场销售这款吐司机，也就是后来大名鼎鼎的"吐司大师"（Toastmaster）。但此时的吐司机造价依然比较昂贵，而且对吐司片的厚度有一定要求，太薄、太厚或是

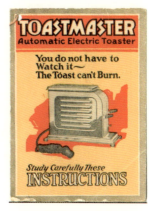

"吐司大师"的早期广告

歪歪扭扭的吐司片都不适合。在那个没有切片面包机的年代，吐司机在家庭厨房中自然没有什么用武之地，它们大多被卖给了餐馆，而主妇们只能辛苦地在炉子上烘烤面包片。

幸好，几年之后，切片面包便华丽登场，货架上滞销的家用吐司机也迎来了春天，到 1930 年，吐司机的年度销量已经暴涨到 120 万台。每天早上只要扔两片面包进吐司机，再随手煎点鸡蛋培根，几分钟后便有热气腾腾的丰盛早餐，简直是家庭主妇们的终极梦想。

如今，吐司机已经成了 88% 的美国家庭的标准配备，而切片面包更是最平常不过的食物，已经很少有人会去提起这两种发明背后的曲折故事。但这样的司空见惯，或许才是最高的赞誉——罗威德尔若是地下有知，听到人们仍把"自切片面包以来最伟大的发明"作为日常俚语挂在嘴边，大概也会十分欣慰吧。

食臭之好

文 | 吉林功承律师事务所　戴桃疆

1《越绝书》，地方志。以春秋末年至战国初期吴越争霸的历史事实为主干，上溯夏禹，下迄两汉，旁及诸侯列国，对这一历史时期吴越地区的政治、经济、军事、天文、地理、历法、语言等多有涉及，被誉为"地方志鼻祖"。

2大珰，即当权的宦官。

　　子曰："鱼馁而肉败，不食；恶臭，不食。"然而古时保鲜手段极其有限，烹饪方法也以烧烤和蒸煮为主，贵为人君有时也不得不少些讲究。《越绝书》[1]中载：吴王阖闾曾以蒸鱼犒劳凯旋的军中将士，会天大雨，道不通，度已失期，蒸鱼皆已腐臭，数量太多，一时无法处置，阖闾便佯装不知，照样吃下去。王尚且如此，军士也不敢发牢骚怨气。明朝轶事中也有皇城上下食臭鱼的记载。彼时鲥鱼是江南的贡品，虽有驿站急递，奈何鱼肉到了京城早已馁且败，臭气熏天，庖厨皆知却缄口不言，以至于帝后嫔妃以为鲥鱼本就是臭的，经御厨多加调料烹制，照样荐诸宗庙分赏大臣。明代大珰[2]太监出镇江南，尝到新鲜鲥鱼的滋味还以为地方官员哄骗他，闹出笑话。

　　古文精炼，称馁而肉败的臭鱼为"鲍"，《说文解字》

谓："鲍为腐也，埋藏腌使腐臭也。"《史记》记载秦始皇崩于沙丘后，李斯与赵高便"令车载一石鲍鱼，以乱其臭"。载着秦始皇的尸体按原计划巡游天下，由平乡北上，从河北井陉到陕北九原郡，再走官修驰道南下咸阳，行程三四千里。七月里，始皇帝的尸体早已腐败不堪，唯有靠鲍鱼才能掩盖过去，鲍鱼的臭味可见一斑。

先民最初食臭鱼多是无奈之举，长江中下游地区是中国最主要的食臭区域。鱼米之乡，物产丰饶，气候湿热，收获的食物容易霉变。人们的日子过得又拮据，变质的鱼也舍不得扔掉，想方设法地化腐朽为神奇继续吃，所谓"久入鲍鱼之肆而不闻其臭"，代代相传逐渐培养出对臭味的包容与喜爱。中国烹饪技法本就不是特别崇尚并重视保留食物原有的味道和形态，鱼在腌制与发酵的过程中，通过微生物的作用改变了鱼肉原有的气味和质感，从而获得了更丰富的口感和气味，本身不失为对美食的一种探索。排除类似清代赵翼[1]在《裙带鱼臭如腌鲞我洲百门乃酷嗜诗以调之》一诗中列举的"臭味辒辌不可亲，嗜痂偏作席间珍"的异食癖，食物特殊的气味除了地区性的饮食偏好，更与身份认同有着密切的关系。

食物的气味可以在地区性文化的形成过程中筑起一道隐形的围墙。宋代周辉《清波杂志·卷一二》中记载：滨江人家得鱼，留数日，俟稍败方烹。或谓："何不击鲜？"云："鲜

1 赵翼，字云崧，号瓯北，清代文学家、史学家、诗人。乾隆二十六年进士，后辞官至安定书院讲学。长于史学，著《廿二史札记》。

赵翼

则必腥。"海上有逐臭之夫，于此益信。即便身处同一国度，地区性的文化认同仍有不同，臭鱼的气味对于滨江人家意味着可食，而对另外一些地区的人则不是。如果说香气是帮助人们翻过这堵围墙的阶梯，那么臭味则是加高并巩固围墙的最有利武器。

江南鱼鲜丰富，制作臭鱼的历史颇为悠久，逐臭的心思之喜、做法之巧在鱼的处理方式上得到了淋漓尽致的展现。《太平广记》[1]中的《食·吴馔》载有臭鲍鱼的做法：

当六月七月盛热之时，取鲍鱼长二尺许，去鳞净洗。停二日，待鱼腹胀起，方从口抽出肠，去腮留目。满腹内纳盐竟，即以末盐封周遍，厚数寸。经宿，乃以水净洗。日则曝，夜则收还。安平板上，又以板置石压之。明日又晒，夜还压。如此五六日乾，即纳乾

1 《太平广记》，宋代李昉、扈蒙、李穆等12人奉宋太宗之命编纂的一部大书，取材于汉代至宋初的野史传说及道经、释藏等为主的杂著，属于类书。因成书于宋太平兴国年间，所以叫做《太平广记》。

鲍鱼干

瓷瓨，封口。经二十日出之，其皮色光彻，有如黄油，肉乾则如糗。又如沙棋之苏者，微醶而有味，味美于石首含肚。

　　这段文字最初收录于《大业拾遗记》，臭鲍鱼的创制者是隋炀帝时的会稽人杜济。绍兴食臭源远流长，杜济取家乡料理技法之长臭出了水平，人称"口味使大都督"。绍兴最著名的三臭（臭豆腐、臭苋菜梗、臭冬瓜）不见臭鱼的影子，倒是安徽的臭鳜鱼在臭鱼界名声响亮。

　　臭鳜鱼起源据说与清代盐商有关。彼时盐商的老家多在徽州，淮扬贩盐赚足钱后返乡养老，仍不忘长江桃花流水鳜鱼肥。长江里的鳜鱼到徽州只能靠挑夫的担子，脚程需几天时间。为防止腐烂，挑夫会把鱼放入木桶中用盐腌好，可到了徽州仍然会变臭。有徽商不忍抛弃，加以烹调，发现味道也不错，臭中觅香，香臭混杂，别具风味。

　　但若放眼世界，臭鳜鱼在远朋北欧、近邻日韩面前便担不起这个"臭"字。

　　据小泉武夫的《味道不错》一书记载，世界上最臭的食物非瑞典腌鲱鱼莫属。马克·柯兰斯基（Mark Kurlansky）所著《盐：一部世界史》（*Salt: A World History*）的

臭冬瓜

臭苋菜梗

黄山臭鳜鱼

臭豆腐

捕鲱鱼（1855 年）奎恩 / 绘

第八章 "北欧之梦" （A Nordic Dream）中认为瑞典渔民为了节约盐而在腌制过程中辅以发酵方法来保存鱼类。北欧地区食盐相对匮乏，因而无法像温暖的地中海沿岸地区靠大量食盐腌制，来保持鱼类新鲜，经过在淡盐水中的漫长发酵，这种散发着独特气味的鲱鱼同样出现在纬度较高的荷兰和芬兰等国家。发酵使得鲱鱼已经处于熟烂的状态，更易于消化，也无需更多的烹饪过程。

关于这种黑暗料理的最早记录出现在 1544 年瑞典北部的翁厄曼兰（Angermanland），17、18 世纪成为瑞典军方的随军食物，直译为酸波罗的海鲱鱼，但其气味和口感远没有酸这么简单。臭鲱鱼在长达两个月的发酵过程中会产生嗜盐厌氧细菌、醋味的乙酸、刺激性气味的丙酸、腐烂臭味的丁酸以及臭鸡蛋味的硫化氢，闻起来像榴莲、臭鸡蛋和臭袜子合体，美国作家加里森·凯勒（Garrison Keillor）将之描述为"一种令人讨厌的胶状鱼类食物，有肥皂味，能熏死一头山羊"。在室内开瑞典腌鲱鱼罐头已经成为世界范围内"勇敢者的游戏"。 1981 年，德国一房客因将瑞典腌鲱鱼汁洒在房间内而被房东赶走，房客向法院起诉，法官亲临现场后闻到了腌鲱鱼的臭味遂判房东胜诉，瑞典腌鲱鱼之臭可见一斑。

　　吃臭鱼的国家那么多，为什么只有瑞典腌鲱鱼如此著名，原因可能在于瑞典人将这种食物罐装。当欧洲多国航空公司将瑞典腌鲱鱼罐头列入禁止携带物品清单中时，瑞典官方在抗辩时也只是解释说这种罐头不会爆炸。外界反对瑞典腌鲱鱼的声浪愈是高涨，这种臭烘烘的鱼罐头的存在感就愈发强烈，吃臭鱼罐头已经从饮食习惯上升为一种标志归属感与认同感的仪式。荷兰人制作腌鲱鱼的方法和瑞典人大同小异，但食用方法上有细微的差别：瑞典人将糊状的腌鲱鱼涂抹在烤脆的面包上，就这洋葱和番茄一起下肚，而荷兰人直接用手拎起鱼尾咬着吃。

　　臭气与瑞典腌鲱鱼不分伯仲的韩国全罗道"洪鱼脍"也有着相同的文化内涵。在保鲜手段有限的时代，韩国西南端的渔民发现鳐鱼无需腌制便可以运输回内陆。大部分海鱼在腐坏之前，气味便不那么宜人了，原因在于鱼体内的三乙胺暴露在空气中，产生了氨类物质，三乙胺与氨水都能够防止鱼在短时间内腐败，这

瑞典鲱鱼罐头

全罗道洪鱼脍

也是鱼臭味的来源，鳐鱼尤甚，因此鳐鱼制成的"洪鱼脍"气味也就尤其独特而强烈。发酵后的鱼肉变得绵软，拥趸将之与鹅肝的口感相媲美。"洪鱼脍"在韩国西南地区被端上婚宴，视为佳品。在外界看来，臭气熏天的"洪鱼脍"不如腌鱼干美味，但用臭鱼作为庆祝场合的特殊菜肴，韩国亦非孤例。在美国阿拉斯加地区，原住民在每年鲑鱼洄游期间除了将捕获的鲑鱼晒成鱼干外，也会在地上挖下深坑，用树皮固定坑壁，把未经任何处理的鲑鱼直接扔进坑里，盖上树叶，填土封坑，待冬季有庆祝生日等重大场合再拿出来食用。

在大众市场消费主义盛行的当下，平庸的气味已经堵塞了多数人的鼻腔，人们很难通过食物嗅出家乡的气味，各地的食物吃上去愈来愈相似，唯有那独特的臭味可以指引人们辨别出家乡的味道。臭烘烘的鱼肉蕴藏着最绵长的故乡情结，每一口都咬定了食客对往昔的认同。

饥荒改变命运
——爱尔兰的饥饿岁月与转机

文 | 天津师范大学　潘雨晨

爱尔兰岛，被称为"翡翠岛"，这里的人们有一句名言："若有幸成为爱尔兰人，则任何烦忧都无需挂怀。"爱尔兰苦难的历史确实使很多爱尔兰人感到生而不幸。这一不幸在 1845–1852 年爆发的爱尔兰大饥荒中到达顶点，这一饥荒直接导致近百万人饿死[1]，爱尔兰人口锐减四分之一，爱尔兰大饥荒也成为爱尔兰历史的分水岭。

从"可以吃的石头"到爱尔兰的主食

1169 年起，爱尔兰的文化和政治逐渐受到英格兰的支配。到 16 世纪，亨利八世加冕为爱尔兰国王，爱尔兰正式并入英格兰。此后，爱尔兰不断发生反抗英国统治的起义，原因在于，信仰新教的英格兰人长期压迫信仰天主教的爱尔兰人。宗教问题是爱

1 关于死亡人数，学界没有统一的定论，根据现有的一些论文和资料，一般普遍认为死亡人数（饿死与染病而死）至少有 100 万人，染病而死者约 25 万人，海外移民 100 万。大饥荒以前爱尔兰人口约 800 万—850 万，大饥荒使得爱尔兰损失人口 200 万之多，约占总人口的四分之一。

亨利八世

尔兰除粮食问题以外最重要的问题。

哥伦布发现新大陆后，原产于美洲的马铃薯被引入西班牙。马铃薯一开始并不为食用燕麦等谷物的欧洲人所接受。最初，欧洲人将马铃薯视作观赏作物，只欣赏其花朵。引进初期，马铃薯不但不为人重视、被称为"可以吃的石头"，甚至其根茎也被法国人视作是"魔鬼的果实"，谣传它可能会引起梅毒、麻风病等。只有在治疗船员坏血病的时候，马铃薯才被作为"良药"发挥功用。

17、18世纪，瑞典的约拿斯开始在斯堪的纳维亚半岛普及种植这种高产作物。同时法国也开始推广种植，德意志的腓特烈二世甚至下达法令强迫农民种植这种作物，不然就"削去农民的鼻子"。马铃薯，在欧洲开始普遍推广。

爱尔兰在17世纪中叶就在全岛普及了马铃薯。在爱尔兰，每英亩可以产出六吨左右的土豆，而燕麦等谷物则不到一吨。土豆比起其他农作物更易生长，收成明显也高多了，即使其他农作物歉收，土豆仍有收成。这对于长期受英格兰压迫的爱尔兰农民来说无疑是福音。正因为马铃薯的高产，爱尔兰人口出现爆炸性增长——1760年150万人，1841年攀升至810万人。同时，由于英国的殖民统治，爱尔兰成为英国人的"牧场岛"。为满足英国国内的牛肉需求，大片土地被划为牧场受英国地主控制，爱尔兰人只有小片土地谋生。所以，在这一小片既要养活人又要养活牲畜的土地上，高产的马铃薯是不二选择。

截至1845年，也就是大饥荒开始的这一年，爱尔兰的马铃薯种植面积已达两百万英亩。马铃薯成为绝大多数爱尔兰人的口粮与家畜饲料，100万农业工人以及350万小农耕作者都依靠它生存。尽管自引进以来，马铃薯歉收在这个苦难的岛上也发生过二十多次，但是从来没有让爱尔兰人过于失望，然而1845年这一次，却与以往不同。

文森特·威廉·梵高的画作《吃马铃薯的人》，马铃薯是底层群众的常见食物

一场静悄悄发生的饥荒

1845 年的夏天，爱尔兰淫雨霏霏，一种真菌开始悄悄感染马铃薯，这种真菌使得马铃薯霉变、枯萎，幼苗还没有收获便已经腐烂、发黑。几周内，这种"马铃薯枯萎病"自东向西席卷了爱尔兰岛。目睹了这一惨象的彼得·格雷如此记载：

在从科克郡到都柏林的路上，我曾看到这种作物花期正旺，应该会有一个好收成。但 8 月 3 日，在我返回的途中，却只看到腐烂的作物覆盖了广阔的田野。在好些地方，穷苦的人们沮丧地坐在他们被毁坏的菜园栅栏边，绞着双手，悲痛万分，因为灾害刚刚夺走他们的食粮。

——彼得·格雷《爱尔兰大饥荒》

1845 年的这场灾害毁掉了爱尔兰 40% 的马铃薯田，爱尔兰人不得不打起精神加紧补种以弥补损失。但当时没有人知道马铃薯枯萎的真正原因在于真菌——爱尔兰人并没有将已经烂在田里感染真菌的上一代马铃薯清除，便开始新一季的种植。在没有农药的年代里，更大规模的感染，更大规模的歉收和更大规模的饥荒，已经在田间注定。1846 年这一年温暖多雨，加上病变的马铃薯繁殖，导致马铃薯枯萎病病菌的传播，病菌以极快的速度在爱尔兰境内的马铃薯种植园间传播。马铃薯产量急剧下降。

霜霉病的第一个症状就是叶子上出现棕色斑点。这些斑点不断增多变大，最后，黑色干枯的叶子不断收缩，茎部变得很脆，一碰就断。在不到一个星期的时间内，所有的植株都死了。地里呈现一片黑色，就像被火烧过一样，马铃薯的生长停止了，其大小只相当于孩子们玩的弹珠或鸽子蛋那么大。这一年几乎没有什么收成。在一些过去产量很高的地区，基本不能收获到无病的成熟马铃薯；在伦敦和其他大城市，马铃薯价格昂贵，成了有钱人才能享受的奢侈品。

——查尔斯·特里夫里安《1845、1846 和 1847 年的爱尔兰饥荒史》

此次饥荒较之上一年更加严重，每家每户的储备消耗殆尽，饥饿开始一个村庄一个村庄地消灭爱尔兰人，300 万—400 万人开始吃不上饭，"翡翠之岛"瞬间饿殍遍野，如同人间炼狱。在当时的爱尔兰村庄里已经很少见到有十人以上参加的葬礼了。这一次大饥荒持续到1852 年。

从天灾到人祸

在爱尔兰大饥荒中，英国有不可推卸的责任。从 17 世纪中期以来，爱尔兰的土地几乎完全为英国地主所霸占，而且多数大地主居住于英格

矗立在加拿大多伦多的爱尔兰大饥荒公园的纪念雕塑

兰，他们只关心谷物和牲畜的出口，因此爱尔兰大多数农业收入被输出到了国外。由于爱尔兰土地兼并严重，大多数爱尔兰农民成了英国土地贵族的佃农。此外，英国工业革命的成功，使爱尔兰人在农业无助、工业无望的情况下只能依靠被挤压的小块土地种植马铃薯存活。

同样，英国政府的不作为、援救不力也使爱尔兰人感到绝望和愤怒。在 1845 年，英国政府就收到了爱尔兰马铃薯大面积枯萎的消息，却没有任何作为。虽然饥荒时期美洲向英国出口粮食常以爱尔兰为中转站，但爱尔兰的饥民却没有因此获得任何好处。运粮船在都柏林港口休整后马上开往英国本土，基本没有将一袋粮食发给饥饿的爱尔兰人。

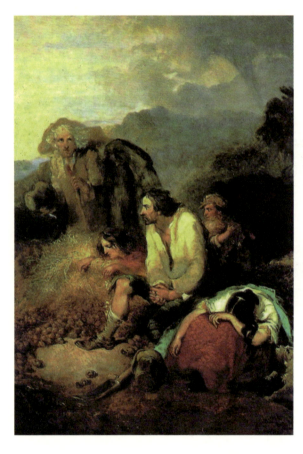

爱尔兰出现马铃薯霜霉毒病　达尼埃尔·麦克唐纳／绘

　　根据土耳其《今日时报》2012 年 1 月的追溯报道，当时的奥斯曼帝国苏丹阿卜杜默西德宣布，他将向爱尔兰饥民捐资一万英镑。不过，维多利亚女王要求苏丹捐资 1000 英镑即可，因为女王本人不过捐资 2000 英镑。于是苏丹在捐资 1000 英镑之后，又"悄悄"将三船粮食运到爱尔兰，援助饥民。此外，1847 年，美国印第安乔克托部族也筹集了 710 美元善款捐助给爱尔兰饥民。这无疑是杯水车薪，根本喂不饱上百万陷入

饥荒的难民，整座岛没有因为微薄的国际援助
缓过劲儿来。

更为打击爱尔兰的是英国的法令。由于
英国政府认为饥荒在 1847 年就会结束，所以
仍以法令限制爱尔兰粮食进出口。在饥荒最严
重的几年里，爱尔兰仍然向英国本土出口粮食。
而且，整个饥荒期间，爱尔兰一直是粮食净出
口国。这种趁火打劫、釜底抽薪、不顾爱尔兰
人死活的做法，使得这场自然灾害迅速演变成
人祸。大饥荒期间的 1846 年，英国废除了《谷
物法》[1]，这破坏了爱尔兰粮食自由输入英国
的权利，使爱尔兰的小麦失去了它在英国市场
的垄断地位，从而反过来破坏了爱尔兰的农业
经济。英国政府废除《谷物法》的本意，是保

饥荒时期的爱尔兰人民

证国内粮价下降，英国国民的购买力增强，工业原料
成本亦会下降，从而发展英国的大工业生产。然而在
爱尔兰岛遭受饥荒折磨的时间废除《谷物法》，看上
去是多么不合时宜。在爱尔兰的英国地主，自《谷物法》
废除后，无视爱尔兰的饥荒，多半由种植小麦改为经
营畜牧业，大大减弱了爱尔兰抵抗饥荒的能力，从而
一定程度上加重了饥荒的发展。

所以，至今很多爱尔兰人相信英国政府的不作为
是对爱尔兰实行种族灭绝政策，其行径与纳粹屠杀犹
太人、奥斯曼帝国灭绝亚美尼亚人如出一辙。

1《谷物法》
是 1815 至 1846
年间英国实行的
关税保护法令。
它通过强制实施
进口关税来保护
国内谷物市场免
遭外国廉价谷物
垄断。在谷物法
实施的年代里，
爱尔兰的小麦等
谷物处于国内垄
断地位。

爱尔兰人的"新世界"与"旧世界"

由于饥荒，大量爱尔兰人开始移民，他们奔向世界各地，最主要的去处是美国。在这个"新世界"，爱尔兰人希望得到上帝眷顾。1845年以后的十年间，大约有二百万人移民美国，约占爱尔兰全国人口的四分之一。

爱尔兰移民为美国的工业革命提供了大量劳动力：在伊利运河、自由女神像和横穿北美铁路等大型工程的工地上，在芝加哥的工厂、宾夕法尼亚的煤矿和纽约的货运码头上，都能见到爱尔兰农民工的身影。移民促进了美国社会向多元方向发展，使之成为名副其实的"大熔炉"。

当然爱尔兰移民也是痛苦的。"美国铁路的每一根枕木下面，都横

凝结爱尔兰人汗水的自由女神像

卧着一个爱尔兰工人的尸首。"这句话并不假，爱尔兰移民在美国签下卖身契成为"白奴"，在美国的铁路工地上卖命。1861 年，很多爱尔兰移民在收到签证官发的居留证的同时，被强制在参军报名表上签字，然后领军服、武器，直接被送去南北战争前线作炮灰。基于此，这一时期

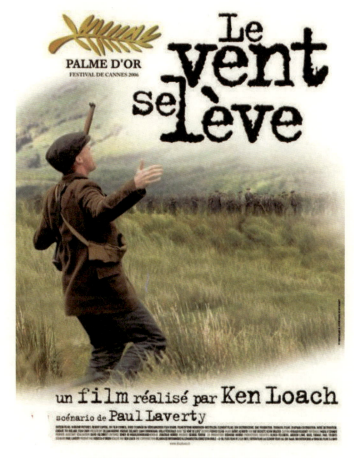

反映爱尔兰独立战争的电影《风吹稻浪》宣传海报

爆发了著名的"纽约征兵暴动"事件，这一反对强制征兵的暴乱导致纽约城死亡人数的记录直到9·11事件才被打破。

在"旧世界"，即爱尔兰本土的居民，还在风起云涌地与英国殖民者作斗争。从饥荒中觉醒的爱尔兰人性格大变，佃农化身为游击队员，与英国殖民者展开斗争。从1916年复活节起义开始爆发的这场爱尔兰独立战争，造成两千余人死亡。爱尔兰共和军通过策划恐怖袭击试图迫使英国承认其独立，但由于北爱尔兰的归属等问题，爱尔兰又爆发了内战，这场内战造成的伤亡远高于独立战争。爱尔兰人民在"新世界"受折磨，在"旧世界"也要经历炮火洗礼。

尾声

饥荒促成了爱尔兰民族的觉醒和独立，同样在大洋彼岸，爱尔兰人形成自己的文化符号，在多元的美国社会站稳脚跟。

移民美国的第一代爱尔兰人被贴上"凶暴""酗酒""犯罪"等标签，在很多美国人眼中这些爱尔兰人甚至不如黑人，很多商家甚至挂出"本店概不雇佣爱尔兰人"的招牌，所以爱尔兰人只能从事危险的体力劳动，比如修建铁路与码头装卸。19世纪下半叶适逢美国城市化进程加快，爱尔兰人迅速垄断了警察、消防这些行业，使得第二代爱尔兰移民能摆脱体力劳动之苦。在美国站稳脚跟的爱尔兰人开始构建自己的社区文化。他们在英国几百年统治下几乎被同化，然而在"新世界"民族意识觉醒，"天主教"成为爱尔兰人的集体标签。2010年，三亿美国人中有5500万爱尔兰后裔，仅次于德裔美国人，肯尼迪、尼克松、里根、克林顿四位总统都是爱尔兰人的后裔。反观爱尔兰本土，由于大饥荒引起的移民，一百年来爱尔兰人口没有增长。2011年人口普查时，爱尔兰也仅有458万人，与一百年前相比仅多出18万。

　　大饥荒使得英国与爱尔兰决裂，在爱尔兰人的民族记忆中，被地主无情赶走，在移民过程中被人嘲弄，"全拜英国人所赐"，共和军、英爱战争、北爱问题始终没有得到妥善解决。

　　如今再看这次饥荒的"主角"马铃薯，在原产地美洲，印加人为了避免病虫害，培育了两百多个品种。但在引进欧洲后，欧洲人为了提高产量，却只引进产量最高的品种，对单一农作物的过度依赖，使得欧洲马铃薯在遭遇病虫害时显得毫无抵抗力。马铃薯疫病因而能短时期内横行爱尔兰全岛。

　　爱尔兰大饥荒，是一国丧失主权，处于他国殖民统治下的悲惨结果。爱尔兰人不能掌握自己的民族命运，受英国政策支配，最终爆发大饥荒，给爱尔兰的社会经济带来巨大影响。百万人口死于饥饿和疾病，从此流浪国外，深刻地冲击了爱尔兰的民族心理，同时也激发了爱尔兰人的民族意识。而这些，都与那株名为马铃薯的植物有关。

西班牙海鲜饭的前世今生

文 | 专栏作家　赖益铭

　　如果需要选择一道料理代表西班牙，西班牙人绝对会毫不犹豫地选择海鲜饭。金黄的米饭，青色的豆子，白色的鱿鱼，红色的甜椒和西红柿，这些五彩斑斓的食材搭配出了西班牙最有代表性的料理——西班牙海鲜饭。去西班牙旅游，除了领略明媚的阳光，品尝一份盖满各式各样海鲜的海鲜饭绝对会让你感到不虚此行。有趣的是，最早的"海鲜饭"并没有加入海鲜，即使在现在的西班牙，加入海鲜的"海鲜饭"依然不是海鲜饭的主流。以至于现在，西班牙海鲜饭甚至被改称为肉菜饭、西班牙大锅饭或是西班牙烩饭。

　　西班牙海鲜饭绝不是单纯依靠一个巧合被创造出来的，而是自古罗马

西班牙海鲜饭

摩尔人家庭

时代以来，西班牙土地上不同文化碰撞融合的结果。作为西班牙堪称国宝级的美食，美味的西班牙海鲜饭少不了丰富的食材与精湛的烹饪技术。古罗马人、摩尔人[1]以及新航路的开辟者们不断带来新的食材，摩尔人作为西班牙海鲜饭烹饪基础的奠基者，在海鲜饭的历史上扮演着极其重要的角色。

伊比利亚半岛曾是古罗马的一部分，因此深受罗马帝国的影响。伊比利亚半岛濒临地中海和大西洋，有着地中海沿岸国家明显的特点：阳光明媚，气候温暖，非常适合橄榄以及葡萄的种植。所以在古罗马时期，伊比利亚半岛成为古罗马橄榄油和葡萄酒供应地，

1 摩尔人，11—17世纪创造了阿拉伯安达卢亚文化，随后在北非定居的西班牙穆斯林或阿拉伯人，是西班牙人及柏柏尔人的混血后代。

橄榄的大量种植深刻地影响了西班牙烹饪，使用味道淡雅的橄榄油一直是西班牙烹饪的精髓。除此之外，古罗马帝国时期发展迅猛的农业使得伊比利亚半岛得以受益，大量灌溉系统的修建以及蔬菜的培育无疑让伊比利亚农业发生了巨大变化。在古罗马时期培育的芦笋、洋蓟、洋葱等食材甚至成为后世西班牙烹饪必不可少的食材。

然而在公元 5 世纪左右，随着罗马帝国的衰落，不同文化和种族的

受到伊斯兰文化影响的摩尔人

人开始进入伊比利亚半岛。到了公元 711 年的某一天，杀气腾腾的摩尔人横渡直布罗陀海峡进入了伊比利亚半岛，很快整个伊比利亚半岛都处于他们的控制之中。住在伊比利亚半岛的人们大多改信伊斯兰教，在这个时期，猪肉是被禁止食用的，西班牙人不能制作古罗马时期人们最喜爱的火腿和香肠了。而摩尔人带来的北非烹调方式和食材，却使得西班牙料理变得更加多元化。

这一时期，摩尔人带来了稻米，并且修缮古罗马人的灌溉系统，以便给水稻提供充足的水源。但是，当时摩尔人的主食不是稻米，而是麦类粮食。据推测，当时水稻种植面积并不大，且水稻被摩尔人认为是神圣的作物，所以一般在祭祀时作为贡品使用。出乎我们意料的是，当时食用麦类的方法不是做面条(此时面条尚未在欧洲出现)，而是做成麦饭。

有不少传闻说海鲜饭起源于这个时期。传说中，古代摩尔人宫廷中的仆人收集了宫廷宴会剩余的饭菜，他们将菜与饭混合加热，于是变成了一种类似于杂炖饭的食物，这是西班牙海鲜饭最早的雏形。在摩尔人时期，制作麦饭的烹饪技术已经成熟，将菜与麦同时烹饪可以使得麦饭更加美味。其次，摩尔人还带入了海鲜饭至关重要的香料，那就是藏红花，因为藏红花可以将海鲜饭中的米饭染成漂亮的黄色且令米饭带上迷人的香气。藏红花虽然最早在古希腊时期就已经栽培，可是却没有传入伊比利亚半岛，而是先传入了北非，再由摩尔人带入了伊比利亚半岛。摩尔人还带来了一种面积较大却比较轻便的平底锅，这种锅使得烹饪方式发生了变化。据说西班牙海鲜饭（Paella）这个单词就是起源于这种平底锅的名称，以至于这种锅现在就叫 "Paella"（ 拉丁语中

藏红花

小锅的意思），是正宗海鲜饭上桌时的标配。

从 15 世纪开始，西班牙陆续从摩尔人统治下独立出来，而独立不久的西班牙和葡萄牙就做了一件影响欧洲命运的大事——开辟新航路。在中世纪，欧洲饮食口味比较重，大多数依赖味道浓烈厚重的香料来调味，食材本身的味道并不突出。伊比利亚半岛并不适合种植味道强烈的香料以及糖料作物甘蔗，大多数香料和蔗糖需从印度、印度尼西亚、斯里兰卡等国家进口。而阿拉伯商人的垄断，使得进口这些东西变得异常困难。尽管欧洲中世纪的人们饮食嗜好偏重的口味，但昂贵的香料迫使平民的日常饮食异常清淡。而且在当时，腌制食物，如意大利的萨拉米[1]，也需要使用香料，这样会使得腌制食物的味道更好。总的来说，欧洲人想要摆脱难吃而又无味的菜肴以及延长食物的保存时间，找到进口香料的途径是极其必要的。但在当时，香料是十分昂贵的，比如胡椒的价格或许可以和等重的黄金媲美。谁能控制香料的进口，谁就能赚取大量的财富。新航路的开辟，很大程度上说，是欧洲吃货的一次遥远的觅食之旅。在土豪吃货的资助下，航海家远渡重洋只为带回那些迷人的香料。

在西班牙决定开辟航路进行香料贸易之前，达·伽马已经在葡萄牙的资助下，成功到达了印

1 萨拉米，欧洲尤其是南欧民众喜爱食用的一种腌制肉肠，肉一般是单一种肉类，不经过任何烹饪、只经过发酵和风干程序。在过去没有冷藏手段的年代，这种肉肠能在室温下长期保存。

萨拉米

哥伦布在西班牙皇家会议上（1884 年）

度，并且带回了许多香料和宝石。西班牙决定让哥伦布去开辟这条航线，哥伦布到达了美洲，却误认为这是印度。虽然他没有带回昂贵的东方香料，却带回了那些比香料更重要的食材，比如土豆、玉米、辣椒等。没有土豆和玉米，欧洲无法养活众多的人口；没有辣椒，就不会有风味独特的西班牙海鲜饭。烟熏红椒粉不仅给西班牙海鲜饭增添了风味，更赋予了大多数西班牙菜以鲜明的特色。据推测，辣椒被带回欧洲是因为他们在美洲没有发现胡椒的踪迹，而辣椒辛辣的口味恰恰类似于辛辣的胡椒。辣椒作为胡椒替代品被带回欧洲，因其味道更强烈，在欧洲的厨房找到了自己的一席之地。西班牙人热爱使用辣椒，也善于制作辣椒制品，油浸大红椒、左利口香肠和烟熏甜椒粉都是西班牙的特产。做西班牙海鲜饭一定要使用烟熏甜椒粉增加饭的烟熏风味和甜味。

辣椒是西班牙美食最重要的调味品之一

经过复杂的食材积累环节后，西班牙海鲜饭渐趋成型。现代的西班牙海鲜饭其实是发源于瓦伦西亚的一个淡水湖边，因此最初的版本是没有海鲜的。当地的农民在劳动结束后，就带着大而轻便的平底锅在田野边生火做饭，将锅架在燃烧的木材上，使用稻田里种的稻米，将田野中新鲜的蔬菜炒一炒，加入稻米和水，再加入少许的藏红花和甜椒粉使得米饭更加艳丽和美味，而肉类则就地取材，田野间的野兔以及蜗牛均抓来投入锅中。这样一锅类似大杂烩般的食物味道却令人惊奇。此后，这道饭被大家传开，各地衍生出了不同的版本。

作为一道发源于民间的料理，即便这道菜肴非常美味，还是遭到了贵族的冷眼。当时西班牙贵族的主食是豆子，豆子产量低，价格不菲，十分符合贵族特殊的癖好。贵族们还认为水稻种植在水田当中，水田容易滋生蚊子和蚂蟥，蚊子极易传播疟疾，因此总是将米饭与贫穷、疾病联系起来，认为吃米饭会有损健康。贵族们烹调豆子的方法也颇为讲究，先在锅中加入火腿骨，然后用高汤炖煮豆子，这样做出来的豆子味道非常好。可是豆子难以咀嚼和消化，还容易让人们腹部胀气，并非作为主食的良好选择，只有米饭这种便于消化的食物才适合作为主食。久而久之，贵族们也被海鲜饭的美味所折服，愿意把米饭作为主食。

在西班牙各地，海鲜饭的烹调方法被广泛传开，经过不断的改良，味道越来越好。现在烹调海鲜饭时，加入白葡萄酒和高汤，米饭会略带微酸和鲜甜。当然，最重要的改良莫过于加入了海鲜，大部分海鲜饭一定会加入青口、扇贝和虾。然而大家在很长一段时间内都忽视了西班牙绯红虾，这种西班牙本土的虾中极品，其鲜美赛过龙虾和鳌虾，之前居然被用作钓鱼的饵料，人们并未考虑把它作为食物。直到人们发现它的美味后，其身价才开始剧增。而在烹饪海鲜饭时加入的贝类会慢慢张开，释放出充满海水味的汁水，这些汁水使得海鲜饭更加鲜美。

既然西班牙海鲜饭那么美味诱人，那么正宗的海鲜饭是怎样烹制的呢？在很多西班牙餐厅中，店主会支上一口巨大的平底锅，用木材的旺火加热。散发着煎炒洋葱与甜椒的香气，以及锅中被藏红花染成金黄色的米饭，引诱着食客去品尝它们的美味。或许，出乎食客意料的是，在大多数地方，正宗的西班牙海鲜饭中并没有海鲜，取而代之的却是兔肉或鸡肉。刚出锅的海鲜饭，口感与亚洲的米饭截然不同，粒粒分明，十分有嚼劲，锅底部分还有脆脆焦香的锅巴，口感层次十分分明。米饭中藏红花的香气、蔬菜的芳香、白葡萄酒的微酸以及肉类和海鲜的鲜美，都让食客欲罢不能。

现在，西班牙海鲜饭已经成为西班牙的代表美食，在全世界范围内都非常有人气。当然啦，西班牙是一个美食之国，还有更多美食可以去"挖掘"。

历史探索

拥有法国博士学位的民国总统

文 | 南京师范大学　张星煜

1 袁乃宽，字绍明，河南正阳县人，袁世凯的亲信、管家。民国二年授陆军中将，后任拱卫军粮饷局督办。民国三年后，袁世凯醉心复辟帝制，袁乃宽伙同袁世凯其他亲信，密谋策划，积极从事复辟帝制活动。

2 叶恭绰，书画家、收藏家、政治活动家。曾任北洋政府交通总长、孙中山广州国民政府财政部长、南京国民政府铁道部长。1927 年出任北京大学国学馆馆长。中华人民共和国成立后，曾任中央文史馆副馆长，第二届中国政协常委。

1920 年 6 月 22 日，一列火车缓缓驶入北京车站。此时的车站已是人头攒动。据说，车上有一个法国贵宾。当时的北京政府总统府代表袁乃宽[1] 和叶恭绰[2]，交通部、外交部官员，北京大学校长蔡元培，法国驻中国公使卜柏，还有中法协会、中法协进会、欧美留学生会、法华教育会等一堆民间团体都前来迎接。到底是谁有这么大的排场？

这火车里坐着的人正是法国前总理班乐卫（又译作潘里夫）。要说这班乐卫其人，可算得上是个大牛。班总理出生于 1863 年，在 1917、1925 年两度出任法国内阁总理。别看他当过总理，人家原本还不是搞政治的，而是学者出

法国文青班乐卫

身，被称为"数学奇人"。班总理 24 岁就获得了数学博士学位，后来还提出了微积分方程和函数论。同时，班乐卫对机械也很感兴趣，曾经担任过法国国防技术发明部部长，负责研发制造新式武器。班总理也不完全是个理科生，他对中国文化拥有狂热的爱，做梦都想来中国看一看。就是这么一个集数学家、机械家、政治家、法国文青于一身的法国人，现在来到了中国。那么，他来中国究竟干什么呢？

这事得倒回一年前，也就是 1919 年来说。话说第一次世界大战刚刚结束，当时民国大总统徐世昌[1]新官上任，急于平息内争，发展国力，就派出叶恭绰去欧美国家考察调研一番。叶恭绰去欧美溜达了一圈，回来报告徐世昌说，一战之后，西方文明破产，西方人都想着从我们东方文明中寻求出路。日本、印度这些国家在西方国家的大学里都有自己的学系，就我们中国没有。要说这东方文化的代表，舍除中国，谁出其右？所以叶恭绰就向徐世昌建议，由中国政府资助巴黎大学设置中国学院，教授中国文化课程。此前叶恭绰在法国时就已经和法国著名中国文化爱好者班乐卫提过这个构想。文青班乐卫同志拍着胸脯打包票，只要中国那边没问题，法国政府这边我搞定。徐世昌虽然是民国的总统，但也是前清翰林出身，是一个传统思想很浓厚的人。徐世昌的思想其实大致没有跳出当年洋务派"中体西用"的范畴。徐世昌一直认为，西方是物质文明，科学技术比中国强，但要说道德教化，

1 徐世昌，晚清政治人物。自袁世凯小站练兵时就成为袁世凯的谋士，并为盟友；光绪三十一年曾任军机大臣。民国五年袁世凯被迫取消帝制，恢复民国年号，起用他为国务卿。民国七年，被国会选为民国大总统。民国十一年通电辞职，退隐天津租界以书画自娱。被后人称为"文治总统"。

中国能甩西方八条街。话说老徐在前清也当了好些年的官儿，办过不少交涉，没少受洋大爷的气。这次老徐一听说，欧战已让西方文明破产，洋人都开始从东方道德文化里找出路，那个文明优越感便油然而生。当即就同意了叶恭绰的建议，同意每年由中国政府拨款 10 万元（当时巴黎大学校长年薪三万法郎，合 5000 元），资助巴黎大学设置中国学院。这中国学院第一任院长，就是班乐卫。

这次班乐卫来华，一方面自然是来到自己魂牵梦绕的中国，领略一下古老的东方文明；另一方面，更是面见学院董事会主席——"大老板"徐世昌。没有徐总统的慷慨，班院长现在连饭碗都没有呢。25 日中午，大总统徐世昌在总统府宴请班乐卫一行。饭桌上班乐卫无非就是一套感谢恭维之语，自己恭维完了，掏出了四位法国总统（三位前任一位现任）写给徐世昌的感谢信。这四位法国总统把徐世昌大大地吹捧了一番，法国前总统卢贝称徐世昌资助设立中国学院是"不朽的事业"，前总统费李尔称徐世昌是"溥利人群，共钦伟绩"，前总统博安格称赞徐世昌做

文津阁四库全书

了"世间不朽之功"，现任总统德萨迺尔称赞徐世昌通过文化软实力宣传中国是"懿谋渊虑"（就是深谋远虑的意思）。这一番吹捧，徐总统更是喜笑颜开。班乐卫就趁着徐总统开心之际，趁机又提出了一个请求。请求什么呢？请求将四库全书影印，然后将影印版付予巴黎大学中国学院供西方学者学习研究，为此，法国政府愿意退还部分庚子赔款。此话一出，徐世昌当即欣然同意。徐世昌上台前就宣称要"文治"，现在外国人拿庚子赔款来影印四库全书，无非等于拿钱为中国的文化打广告，既符合徐总统的"文治"口号，又抵消了部分庚子赔款，

何乐而不为？此后徐世昌指令后来成为历史大家的陈垣[1]负责清点文津阁四库全书现存的册页，以便影印。

　　陈垣带人在文津阁清查三个多月，逐册清点，最后写成《四库全书册数页数表》，统计出四库全书共存有 36277 册。这四库全书总共有两百三十多万页，将近八亿字。要把四库全书全部影印，别说当时，就是放在今天也是个浩瀚的工程。但法国文青班乐卫对我们四库全书规模到底有多大可能没有概念，看到徐世昌这么爽快地答应下来，自然以为任务完成。班乐卫又对徐总统说，法国巴黎大学因为徐总统对中法文化交流的贡献，拟授予徐总统荣誉文学博士学位。徐总统或许对西方的硕士、博士没多大概念，徐总统自忖已经是翰林了，放你们那儿应该不比博士差。但关键这是法国巴黎大学的博士，世界名牌学校，多少人梦寐以求。文人有时候多少都爱慕点虚名，徐总统也不例外。徐总统谦虚了几句，也就欣然接受了。

　　但当博士就要写博士论文，人家巴黎大学这个程序可不含糊。徐世昌的幕僚李石曾建议徐世昌以欧战为课题，写一篇博士论文，因为西方人现在都很关心欧战带来的后续影响。但第一，徐总统没那个时间搞论文；第二，徐总统是个传统文人，还真不太懂西方式学位论文的写作范式；第三，徐总统对国际上的事虽知道一二，但要写学术论文，恐怕还达不到那个水平。这可怎么办呢？要说总统府还真是卧虎藏龙。徐总统找到了

1 陈垣，中国历史学家、宗教史学家、教育家。先后创建广州光华医学专门学校、北京孤儿工读园、北京平民中学。曾任国立北京大学、北平师范大学、辅仁大学的教授、导师。1949年后，任中国科学院历史研究所第二所所长。主要著述有《元西域人华化考》《校勘学释例》等，与陈寅恪并称为"史学二陈"，二陈又与吕思勉、钱穆并称为"史学四大家"。

陈垣

1 黄郛，民国时期著名政治人物。因在日本留学从而结识蒋介石、张群等人，国民政府成立后，历任外交部长、教育部长、上海市市长等要职。1928年5月，日军炮轰济南，制造五三惨案，时任外长的黄郛事后被蒋介石免职顶罪。1933年秉承汪精卫授意，在华北推行对日本帝国主义屈辱妥协的外交方针，后遭到全国民意所指而被迫辞职。1935年托病避入莫干山所谓"读书学佛"的"隐居"生活。

2 朱启钤，中国北洋政府官员、实业家、古建筑学家和工艺美术家。著有《蠖园文存》《存素堂丝绣录》《女红传征略》等。

当时在总统府任咨议的黄郛 [1]，让他捉刀代笔写了一本《欧战后之中国》。为什么找黄郛呢？因为早年黄郛在日本留过学，对外交问题特别关心，世界各国的事都知道一些，后来黄郛还当上了国民政府的外交部长，当然这是后话。此后徐世昌得到法国巴黎大学荣誉博士学位的新闻传回中国，黄郛逢人便说总统的学位论文是自己写的，弄得徐总统十分难堪。其实这本书严格说也不能全算黄郛写的。黄郛写完后上呈徐世昌，徐世昌认为黄郛写的外国的东西太多，新的理念太多。现在西方文明都破产了，所以还应该加进一些中国的传统元素，要洋人看一看中国的东西。如果只整西方人的理念，能保证自己比西方人更懂西方？于是徐总统又让自己的几个秘书在书里把中国的历史、文化、道德统统写了进去。黄郛呢，就把自己写的那块又编成一本书叫《欧战后之新世界》，署自己名，拿去重新出版赚版税了。

回头再说班乐卫。这年冬天，班乐卫带着喜讯回到法国，盛赞中国大总统的文成武德。为了感激徐世昌及中国政府为中法文化交流所作出的努力，法国巴黎大学在1920年的冬天正式授予徐世昌荣誉文学博士学位，并函请徐大总统亲临法国接受这一学位。那个时候交通不像现在这么方便，如果真要去一趟法国，来回差不多要大半年。所以，徐世昌不可能放着国家大半年不管，为了一个学位跑去法国。徐总统指令前内务总长朱启钤 [2] 代表自己前去接受，还让朱启钤带着好多本自己的博士学位论文《欧战后之中国》以及该书的英译本、法译本去欧洲到处送人，彰显我大总统的才华。当时在西方人眼中，中国是个战乱频仍、武夫当国的国家，现在出了个文治总统，还有博士论文出炉，多多少少让一些西方人对中国的负面印象有了一个良好的改观。

徐总统博士照，为了拍博士照，徐总统还特意穿上西服

1921 年 4 月，朱启钤一行抵达巴黎。4 月 23 日下午四时，盛大的博士学位授予典礼在巴黎大学大礼堂正式开始。当时可谓盛况空前，万人空巷。学校里的老师、学生，周边的居民纷纷跑到街两旁围观。巴黎大学的校门和大礼堂上插着中法两国国旗。巴黎大学的大礼堂上下总共四层，可以容纳五千人。当时大礼堂里座无虚席。中国驻欧洲各国的公使咸聚于此，美国、英国、比利时、瑞士、西班牙、葡萄牙等国驻巴黎的大使也来了，还来了好几位法国前总统、议院的议员、总统秘书长、巴黎区大主教、教育部长等，还有一战中著名的霞飞元帅。

徐世昌的代表朱启钤在四位身着礼服的掌仪学士的引领下，缓缓步入礼堂。一时间，全场起立，掌声雷动，当时的中国留学生更是欢呼雀跃！正面主席台上，坐着巴黎大学校长、各科学长（相当于系主任）。当朱代表走上前时，巴黎大学校长亲自把博士证书递到朱启钤手里，除了证书，还有一套博士服，一枚铸金的博士徽章。而这个博士证书也是非同一般，是由当时巴黎大学通儒院院长佛拉孟亲自把大礼堂墙壁上的法国名画临摹于证书之上，证书上文字皆用金文，放于一个精美的匣子里。朱启钤这一次可谓风风光光，大长了中国人的脸面。在当时，被巴黎大学授予博士学位的外国元首只有两个人，一个是徐世昌，另一个则是提出"十四点原则"的美国总统伍德罗·威尔逊。

奔走马球——唐宋皇帝的马球运动

文｜南京大学　陈仲丹

马球是骑在马上挥杆打球的一种体育运动，在中国古代被称为"击鞠"。马球运动历史悠久，在欧亚一些国家被称为"波罗"（Polo）。有外国学者根据这一名称的词源，认为它起源于波斯。不过根据中国学者考证，"波罗"一词源于藏语，后为欧亚许多民族借用，因此马球应是起源于中国西藏地区，再由西藏传入中原。也有专家认为，马球应是从中国古代足球"蹴鞠"演变而来的。汉代盛行蹴鞠，在比赛结束后，球场上后走的人往往会骑在马上，用手中的兵器军械拨弄地上的球做一阵游戏，久而久之就形成了"击鞠"，也就是马球。

波斯人马球比赛

球戏概况

马球的打法是在马上用球杖将一个拳头大小的球击入球门。对开展马球运动的条件，学者罗香林言之甚明："击球为一种骑马技击之戏，故必于广场为之。球受击后，或旋空而飞越，或滚地而疾走，故必轻其体积，饰其外形，使易走动，而便视识。又击球务期命中，故须精致球杖，弯其下端，便其张击。而赛球贵迅速有法，故必精选良马，使便驱驰。而驱驰球马，贵神速无阻，故又须广阔球场，使平滑如砥，而便施展。"早期用的球是木球，中间掏空，外面涂上颜色，后来出现了皮制中间塞毛的"软球子"。球杖通常是绘有花纹、顶端呈半弦月形的木棍，称为"月杖"。木制球杖的柄也有藤做的，下端包有牛皮。比赛用的马大多是产自西域大宛和波斯等地的良种马。为了防止比赛时马尾巴互相缠绕，要把马尾扎起来，以使"细尾促结，高髻难攀"。参赛球手都是一色着装，"锦袍窄袖"。不同队的服装颜色不一样，两队上场，"左朋服紫绣，右朋服绯绣"。球手穿的鞋是尖端上翘的齐膝长筒皮靴，由六块牛皮缝制成，故又称"六缝靴"。球帽通常是布帛做的幞头，内衬桐木或纱麻。

打马球绢画（内蒙古翁牛特旗出土）

金代持月杖砖雕

马球场的球门有单门、双门两种。单门是设在木板墙下一尺大小的洞穴，后有绳网。双球门设在两边，通常是两根相距数米的木柱，柱头上刻有龙头，柱子插在莲花形的石柱础中。双球门赛法与现代马球比赛类似，以击入对方球门次数多少决定输赢。球场设在宽阔的广场上，由于泥土球场容易尘土飞扬，草地球场球的滚动速度又慢，后来就都被油面球场代替。油面球场是在泥土中调入一些动物油脂，经夯打滚压，反复拍磨，建成平整光洁的高级球场。这种球场"平望若砥，下看犹镜，微露滴而必闻，纤尘飞而不映"。球场的三面有矮墙，一面是殿堂楼阁，以便于观赏。如果比赛安排在晚上，还会点燃大蜡烛，成为灯光球场。1956 年，在唐大明宫遗址发掘出一块石碑，上面刻有"含元殿及毬场等，大唐太和辛亥乙未建"，证实这里曾建有马球场。

马球很讲究击球的技术，有背身击球、仰击球、俯击球、左右击球等高难度动作。比赛场面十分激烈，在中场开球后，双方驰马争击，场外击鼓奏乐，"击鼓腾腾树赤旗"，气势壮阔。在敦煌写本《杖前飞·马球》中对此有生动的描述："脱绯姿，著锦衣，银镫金鞍耀日辉，场里尘飞马后去，空中球势杖前飞。球似星，杖如月，骤马随风直冲穴（球门）……人衣湿，马汗流，传声相问且须休，或为马乏人力尽，还须连夜结残筹。"运动强度已到人马流汗不止的程度。

盛唐风行

唐代是马球运动的黄金时代，皇帝大力提倡，唐太宗曾"御安福门。

谓侍臣曰，闻西蕃人好为打球，比亦令习"。19 个皇帝中有 11 人爱好马球，其中最有名的是号称"明皇"的唐玄宗李隆基。他在登基前就酷爱打马球，练就了一身好球艺。公元 709 年，吐蕃派使者来长安迎娶金城公主入藏。随迎亲使团来的有一支马球队，与唐朝宫廷的马球队举行了比赛。一连赛了几场，吐蕃队都连战皆捷。中宗皇帝觉得很丢面子，就命令李隆基与嗣虢王李邕、驸马杨慎交、武延秀上场，"敌吐蕃十人"。在这四人中数李隆基球艺最好，他"东西驱突，风回电激，所向无前"，率众大败了吐蕃球队。当上皇帝后，他为了笼络兄弟诸王，经常与他们"击球斗鸡"，以表示友爱。对唐玄宗的这一嗜好有些大臣不以为然，以打马球有危险劝谏："玄宗尝三殿打球，荣王坠马，闷绝。黄幡绰奏曰：'大家（对玄宗的尊称）年几不为小，圣体又重，倘马力既极，以至颠踬，天下何望！何不看女婿等诸色人为之？如人对食盘，口眼俱饱，此为乐耳！'……上曰'尔言大有理，后当不复自为也。'"以后他就常去看球。据《封氏闻见记》记载，"开元、天宝中，玄宗数御楼观打球为事，能者左萦右拂，盘旋宛转，殊可观。然马或奔逸，时至伤毙"。

唐马上击球图

1《唐语林》，文言轶事小说，宋代王谠撰。《唐语林》仿《世说新语》体例，按内容分门系事，书中材料采录自唐人50家笔记小说，广泛记载唐代的政治史实、宫廷琐事、士大夫言行、文学家轶事、风俗民情等。原书在明初已散佚，故经此书采录而保存下来的资料殊为可贵。

玄宗之后唐代的皇帝中还出过一些马球高手，如唐宣宗。《唐语林》[1]载："宣宗弧矢击鞠皆尽其妙。所御马，衔勒之外，不加雕饰，而马尤矫捷。每持鞠杖，乘势奔跃，运鞠于空中，连击至数百，而马驰不止，迅若流电。二军老手，咸服其能。"他打马球的水平连职业的打球高手看了都自愧不如。除皇帝外，唐代的贵族也非常喜爱马球。在1972年出土的唐章怀太子李贤（武则天次子）墓道中就绘有《马球图》，画面上有二十几匹跑动的骏马，骑手个个头戴幞巾，脚穿长靴，身穿各色窄袖袍，手持球杖，驰骋于球场，争相击球。最前面的马球手骑枣红马，手持球杖迅疾反转，

唐章怀太子墓壁画《马球图》，可见图中的马尾被扎

作反身击球状。这是背身击球打法，形象地表现了"牵缰绝尾施新巧，背打新球一点飞"的高超技艺。

　　唐玄宗还认识到马球有军事体育的功能，纵缰奔驰是练习骑术，挥杆击球类似于砍杀，"击鞠之观者，盖用兵之技也"，于是下令在军中推广马球。因而很多将士对马球非常痴迷，如唐德宗时河北一位姓夏的将领苦练击球技艺，"常于球场中累钱千余，走马以球杖击之，一击一钱飞起六七丈"。韩愈曾观看过军队中举行的一场马球赛，赛毕赋诗一首，诗中写道："分曹决胜约前定，百马攒蹄近相映。球惊杖奋合且离……霹雳应手神珠驰……发难得巧意气粗，欢声四合壮士呼。"诗句生动描绘了军中马球比赛激烈、精彩的场面，也逼真地反映出观赛士兵情绪上的热烈共鸣。

　　神策军是皇帝的近卫军，神策军将个个都是打马球高手。有人甚至就是以善击球而得以升官，如唐末的周宝和高骈。周宝、高骈"皆隶右神策军，历良原镇使，以善击球，俱补军将"。周宝一度升官不顺，"自请以球见，武宗称其能，擢金吾将军"。周宝在比赛时，遇到的对手用的是铁球杖。他被"铁钩所摘一目，睛突，宝即取而吞之，复击球，遂获头筹"。他以伤一目的代价靠赢球升了官。

国运沧桑

　　在宋代，马球被定为"军礼"，礼仪隆重而复杂。每年

挥杖击球俑

三月要在都城汴京（今河南开封）的大明殿前举行打球礼，皇帝亲自上场打球。球场外树起 24 面红旗，进一球称得一筹，得一筹者得一面红旗。比赛结束后，双方以得旗多少定胜负。按规定第一球要由皇帝打进，然后球手"驰马争击"，各队以先得 12 球为胜。宋代还盛行以宫女打马球娱乐的风气，尤其是以贪玩出名的宋徽宗更是沉迷于此。有诗云："上阳宫女偏矫捷，争得楼前第一筹"；"内苑宫人学打球，青丝飞辔紫花骝"。最多时会有上百名宫女出场，个个"珠翠装饰，玉带红靴"，"人人乘骑精熟，驰骤如神，雅态轻盈"。随着北宋时商品经济的发展，马球运动还走向了社会，为市民所享有。据《东京梦华录》[1]记载，在汴京"宝津楼之南，有宴殿……殿之南有横街，牙道柳径，乃都人击球之所"。后来民间出现了"打球社"的专门组织，提供"走马打球"服务。

马球运动最基本的技能要求是骑术精湛，而辽、金等少数民族政权有着善于骑射的传统，故而极为爱好马球。辽代的马球运动水平很高，"咸用上等骏马，系以雉尾，璎珞莹缀镜铃，装饰如画"。比赛开始后，"一马前驰，掷大皮缝软球子如地，群马争骤，各以长藤柄球杖争接之"。有时"球子忽绰在球棒上，随马走如电，终不坠地。力捷而熟娴者，以球子挑剔跳掷于虚空中而

1 《东京梦华录》，宋代孟元老的笔记体散记文，是一本追述北宋都城东京开封府城市风俗人情的著作。书中所记大多是宋徽宗崇宁到宣和年间开封的情况，描绘了居住在东京的上至王公贵族、下及庶民百姓的日常生活情景，是研究北宋都市社会生活、经济文化的重要历史文献古籍。

宋徽宗

终不离球杖"，成为精彩的表演。辽、金都有"拜天"的礼俗，拜天后要举行娱乐活动，常是打马球。"金因辽俗，以重五、中元、重九日行拜天礼……重五日拜天礼毕……已而击球。"金人击球，"各乘所常习马，持鞠杖，杖长数尺，其端如偃月，分其众为两队，共争击一球。先于球场南立双恒（两根立柱）、置板，下开一孔为门，而加网为囊，能得鞠击入网囊者为胜"。这是单球门的竞赛规则。双球门的竞赛则为："两端对立二门，互相排击，各以出门为胜。"

辽代壁画 马球手持杆备骑

北宋被金灭亡后，宋徽宗和宋钦宗落入金人之手，被押往北方。当二帝途径真定府（今河北正定）时，恰遇金国王子打马球，让宋徽宗观看，还命徽宗当场赋打球诗，诗云："锦袍骏马晓棚分，一点星驰百骑分。多得头筹须正过，无令绰拨入斜门。"没想到，后来马球竟给宋钦宗带来了杀身之祸。据《窃愤录》载："正隆六年（1161 年）春，（金主完颜）亮宴诸王及大将、亲王等于讲武殿场，大阅兵马，令海滨侯（辽废帝耶律延禧）与天水侯（钦宗）各领一队兵马为击鞠，左右兵马先以羸马易其壮马，使人乘之，既合击，有胡骑数百自场隔而来，直犯帝马首，褐衣者以箭射延禧，贯心而死于马下。

金代打马球砖雕

1 嵯峨天皇，日本第52代天皇。在位期间大力推行"唐化"，从礼仪、服饰、殿堂建筑一直到生活方式都模仿得惟妙惟肖。嵯峨天皇不恋权位，反倒寄情琴棋书画，擅长书法、诗文、音律，被列为平安时代三笔之一。

帝顾见之，失色坠马，紫衣者以箭中帝，帝崩，不收尸，以马蹂之土中。帝是岁年六十，终马足之祸也。"

到明代仍有马球比赛，每逢端午节和重阳节，皇太子和诸王都要在皇宫西华门内举行马球比赛，但这时已不是对抗性的双球门竞赛，而是单球门的表演赛。在《明宣宗行乐图》中描绘了当时的马球赛：宣宗坐在正中，左右有官员侍从。前面有六匹马，四马伫立，两马奔驰。球门的彩绘板壁下面开有一小孔，球手挨个纵马射门。到清代中后期，随着国势的转衰，本是激烈运动的马球更为冷落，并逐渐消失。

唐朝时马球运动东传到了日本。公元821年，唐朝派使团赴日本，在嵯峨天皇[1]宴请使团人员时举行了两国的马球比赛，赛后嵯峨天皇还赋诗庆贺。中国的马球运动还向西传入印度，在印度宫廷中流行。印度莫卧儿帝国的君王有不少人酷爱马球，经常在夜晚挑灯夜战。随后英国人入侵印度，马球运动也随之传入英国，发展成为现代的马球运动。

日本江户时代的马球比赛

清净无垢，始得飞升！
——浴场与肥皂水的颂歌

文｜北京大学　余湜

Sing hey! for the bath at close of day
that washes the weary mud away!
A loon is he that will not sing:
O! Water Hot is a noble thing!

（《魔戒·护戒使者》弗拉多洗澡歌节选）

洗澡是多么让人心情愉悦的一件事啊：热气蒸腾的澡堂带给人洗刷清净的干爽感，热水的包裹也让人有重回母体的安适与幸福，从浴室中出来那一刹那，每个人都如赫拉克勒斯[1]浸浴在温泉关的泉水中重获新生一般。然而实际上，在漫长的欧洲历史上，洗澡是件挺让人头疼的事，我们不会意识到，洗澡这件个人清洁的简单事情会与色欲、宗教、疾病和公共卫生等重大议题有关联。而浴场与肥皂水，最终同蒸

1　赫拉克勒斯，主神宙斯与阿尔克墨涅之子，因其出身而受到宙斯的妻子赫拉的憎恶。他神勇无比、力大无穷，完成了 12 项被誉为"不可能完成"的任务，死后升入奥林匹斯圣山，成为大力神。

赫拉克勒斯的凯旋　收藏于巴黎卢浮宫

汽机、火车、电话机等伟大发明一起，共同缔造了一个现代富足的新纪元。

洗浴是伴随人类文明产生的，考古人员发现，早在公元前 4500 年，美索不达米亚的宫殿中就已设有浴室，在公元前 440 年的希腊陶罐上，绘有人们围着水盆掬水而浴，并用长柄的器物刮去身上的污垢的场景。罗马时期的浴场文化盛极一时，可以说是再无后者。洗澡的习惯是罗马人从希腊人那里学来的，希腊人在运动后以水冲洗身体保持身体健康。勤俭朴素的罗马共和国公民只是将洗浴作为生活必需的习惯罢了，并未发展成一种文化，但帝国时期的罗马耽于享乐，洗澡也随之变成了非常盛大的娱乐活动。公元前 312 年，阿皮安·克劳狄建筑了第一条引水渠，伴随着滚滚活水而来的是罗马人幸福的浴场时代。发达的供水供热系统以及出色的建筑能力（维特鲁威《建筑十书》中就有详细的浴场建造方法）为罗马人提供数不清的大小浴场，其规模之大（如卡拉卡拉大浴场和戴克里先大浴场都能同时承载千人洗浴）、装潢之豪奢、设施之全能（附带图书馆、酒吧、餐饮店、画廊、议事厅）必定令今日的洗浴中心们自惭形秽。除了财富充足、盛好享乐的社会风潮外，公共浴场也得到了当权者的支持。因为与角斗场一样，建造公共浴场是统治者收买人心的好方法，那么何乐而不为呢？这一点在公元前 19 年阿格里帕将军[1] 修建第一个公共浴场时就开始了，此后执政者们纷纷修建公共浴场并以自己的名字

希腊时期陶罐上的洗浴场景

1 阿格里帕，全名玛库斯·维普撒尼乌斯·阿格里帕，古罗马政治家、将军。奥古斯都的密友、女婿和助手，万神殿建造者。公元前 13 年冬出征北方的潘诺尼亚，翌年负伤身亡。

来命名。

公元 4 世纪，全罗马有 856 个浴场，另外还有1352 个游泳池。罗马帝国几乎每个城镇和村庄至少有一个公共浴场建筑，它们也承担了社会公共空间的职能，经常被用于举行会议、体育锻炼、休闲娱乐、谈话聊天。贵族也很热爱在共同戏水嬉戏的欢乐气氛中商讨事务。有种说法是，罗马人参与政治活动的三大中心是元老院、角斗场和浴场。

罗马人曾经也是个拘谨羞涩的民族，不仅不接受男女共浴，连有亲缘关系的同性之间也羞于"坦诚相见"。后来逐渐受希腊文化影响转变，进而有过之而无不及。帝政初期，社会风纪还比较严肃，男女分浴且只能在白天洗浴，然而帝国后期则世风日下得厉害，男女共浴、"畅浴达旦"，妓女与客人"呆在浴室中的时间比水里的鱼还多"，贵妇满含虚荣意味地在众人目光中坦然裸体，身旁的男奴为她浇上热水……公共浴场兴盛正值罗马帝国繁荣鼎盛之际，豪华的浴室见证了帝国的繁荣和纵欲文化的发展。由阿部宽主演的日本喜剧电影《罗马浴场》系列非常形象地展示了罗马的洗浴文化。

然而浴场的淫逸放纵之风也加速了社会道德沦丧，久在富贵温柔乡的罗马人已经不能精进进取了。浴场使能征善战之人变得体柔骨脆，李维[1] 在他的《罗马史》里说："那些征服过艰难困苦的人被过分的舒适和享乐所毁灭……因为贪睡和嗜酒、宴会和妓女、洗浴和懒散，这些习惯使他们日益堕落。"还有医学家认为，过度的

1 李维，全名提图斯·李维，古罗马历史学家。据说出身于贵族，早年受过良好的传统教育。他学习了文学、史学、修辞学、演说术等，是罗马共和国后期学问渊博、几乎无所不知的大学问家。李维著述丰富，但流传下来的只有《罗马自建城以来的历史》一书，即"李维罗马史"。

罗马浴场废墟

饮酒与热水浸浴会导致男子性无能与女子不孕。总之，靡丽奢华的罗马浴场间接为罗马的埋葬掘起第一锹土。

　　罗马帝国后，欧洲过上了"千年不洗"的生活。此言虽然夸张，但也让人对此后脏乱差的欧洲图景有了心理底线。天主教神学统治下的中世纪，视浪荡色情的浴室文化为魔鬼，继而禁止洗浴："对于那些好人，尤其是年轻人，应该基本上不允许他们沐浴。"他们认为，凡人对身体清洁的过多关注是不敬神的，人只应该关注自己心灵生活，肉体上越受折磨、越肮脏才好。于是不洗脸、不洗澡才是王道，许多修道院只允许修士一年洗两次澡，甚至有修士宣称一生都没见过自己的裸体。但实际上这种反人性的规定只在修道院被执行，世俗生活中大家还是该洗澡就洗澡，只不过文化审美与享乐意味被压制了，富人可以在装潢着拉斐尔壁画的镀金浴室里出水芙蓉（梵蒂冈一个红衣主教的确是这么干的），中下阶层在拥挤黑暗的公众浴室中也洗得不亦乐乎。此外，当时的浴室不只有洗浴的用途，医生放血、治病、理发等工作也都在浴室完成，况

罗马卡拉卡拉浴场遗址

且，那时候男女混浴的情况仍很常见，浴室中卖淫活动也非常猖獗，因此中世纪的公共浴室的确算是藏污纳垢之所在。

在 15 世纪末，梅毒和黑死病的肆虐使浴场被看作罪恶渊薮。宗教会议和宗教统治者曾在 1545 年至 1563 年颁布宗教法令禁止洗浴，其原因是浴场导致了病毒传播，于是洗浴同令人恐惧的传染病便等同起来。当然这得归功于当时"神奇"的医学，遍身的灰垢被认为是防止疾病侵入人体的保护层，洗澡则会让毛孔舒张，疾病便沿着毛孔侵入体内。洗澡变成与死神相对的恐怖之事，洗澡的过程中必须不时小憩以防止对身体损害太大，尤其是国王公爵等千金之尊，更不可为了一时清爽而损伤玉体。法国太阳王路易十四有一条"臭"名昭著的段子：此君几乎从不洗澡，王后在跟他同床前必须将几百双香水手套放在床头才能忍耐安睡。而一本叫《干净：不卫生的沐浴史》的书中说，法王亨利十四曾担心其财政大臣萨利公爵因洗澡而感染严重风寒，在得知他洗浴后特嘱他可以

中世纪男女共浴的澡堂, 贵族人士一边洗澡一边用餐

1 蓬皮杜夫人, 法国国王路易十五公开的情妇。主持兴建了埃弗勒宫, 即今日的法国总统府爱丽舍宫; 资助出版了《百科全书》; 在她的关心下, 法国的文学艺术空前繁荣, 伏尔泰的著名悲剧《唐克雷蒂》就是献给她的。

"穿着睡衣、紧身裤、拖鞋, 带着睡帽"迎接国王。彼时的时尚之都法国, 到处飘飞的香水、粉扑和假发下, 掩饰了多少堆积了层层汗渍与灰垢的皮肤呢! 而现代的我们也很难想象, 太阳王、蓬皮杜夫人[1]、路易十六、安托瓦内特王后等历史人物依现代的卫生标准来看, 是怎样可怕的形象。

好在随着现代医学逐步发展, 人们逐渐意识到洗澡并非畏途, 贵族们又恢复了罗马时代的洗浴文化, 出现了装饰华丽的中国风浴室、罗马风浴室, 还有新引进的土耳其浴, 贵妇人发明了牛奶浴、草莓浴等花样,法国大革命前就流传过玛丽·安托瓦内特[1]在穷人喝不起牛奶之际仍每天用大量牛奶洗浴。但洗澡的观念要想深入普罗大众的生活仍不容易。18世纪后期，医生开始建议人们每天洗手洗脸，但大众仍很少洗澡，究其原因，可能因为当时洗澡还是一项成本昂贵的奢侈活动。以巴黎为例，在19世纪中期拿破仑三世[2]任用奥斯曼进行巴黎城市改造，给巴黎建立了上水下水系统之前，城区内没有统一的干净水源，人们使用受污染的河水、人畜共用的井水和从天而降的雨水，干净的水要专门由运水公司从城外运送，普通市民饮水尚是一笔开销，更别说奢侈地买大量干净的水用于洗澡了，因此当时普通巴黎市民每年平均只能洗两次澡。而法国浓厚的天主教传统也是人们抵制洗浴的原因之一，当英国已经有三分之一的住宅用上了自来水时，最频繁洗澡的法国人仍限于高级妓女、交际花、情妇等，正人君子仍抗拒洗澡。

正如洗澡因为黑死病离开欧洲人民一样，同样也是因为流行病，洗澡作为一种疗法重回欧洲。1832年医生对巴黎霍乱的观察发现，该病死亡率同沐浴的频繁度呈反比率增长，同当时很多不明所以的治疗方案一样，公共卫生法案将"温水浴"确定为一种治疗手段——虽然这早已被现代医学证伪，但在死神的威胁下，洗浴的习惯又迅速回到了人民之中。这一时段各种水疗法盛行，洗浴被视为

蓬皮杜夫人

1 玛丽·安托瓦内特，法国国王路易十六的妻子，原奥地利公主，是神圣罗马帝国皇帝弗兰茨一世与皇后兼奥地利大公、波西米亚及匈牙利女王玛丽亚·特蕾西亚的第十五个孩子，死于法国大革命。

2 拿破仑三世，即夏尔·路易-拿破仑·波拿巴，拿破仑一世之侄，荷兰国王路易·波拿巴与奥坦丝·德·博阿尔内王后之幼子。1848年当选法兰西第二共和国总统，1852年称帝，建立法兰西第二帝国。1870年发动普法战争，在色当会战中惨败，宣布退位。

意大利古老的露天矿泉水浴场

1 布罗德实验，英国麻醉学家、流行病学家约翰·斯诺所做的调查，证明霍乱由被粪便污染的水传播，并提供了一份流行病学文件，证明了霍乱的流行来源于百老大街，同时推荐了几种实用的预防措施，如清洗肮脏的衣被、洗手和将水烧开饮用等，效果良好。

治疗霍乱、中暑、神经错乱等多种疾病的良方。

个人卫生同社会卫生之间关系深远。不清洁的生活让欧洲人付出了疾病大流行的惨重代价，19世纪末的第三次鼠疫大流行、四次大规模的霍乱、一直如影随形的疟疾……屎尿齐流的街道、污染的水源和糟糕的个人卫生习惯都"功不可没"。1845年，英国医生斯诺率先通过"布罗德实验"[1]证实污染水源同霍乱的关系，这一发现在社会上激起强烈反响，英国19世纪公共卫生改革运动兴起，兴建下水道、清理街道、改善供水，并于1848年议会通过《公共卫生法》，建立中央卫生委员会，正式建立了现代国家的公共卫生制度。彼时日不落帝国是世界霸主，这些现代化举措继而很快被推广到北美新大陆和法国、意大利以及其他资本主义国家。

与洗浴观念转变相辅相成的，是现代技术的推动下一系列便利的洗浴产品，这些我们现在再寻常不过的东西，在当时却是推广清洁的大功臣：1596年，英国人哈林顿发明的抽水便池诞生在英国女王伊丽莎白的宫殿里；1791年，法国人路布兰发明路布兰制碱法，从此廉价的工业肥皂进入百姓生活，清洁效果有了显著提升；英国纺织技术进步，使得平民也有能力购买大量干净的内衣；木质澡盆被更轻便的白铁皮浴缸代替，又在20世纪初被瓷质浴缸代替；20世纪初，德国出现水、电、煤相结合的洗浴设备……在它们的基础上，毫不夸张地说，一个崭新新的、亮闪闪的现代欧洲诞生了。

洗浴文化在新大陆得到了更热烈的对待，同时代的美国人总是比欧洲人更喜欢保持干净。根据《干净：不卫生的沐浴史》所述，1930 年代，大部分美国城市居民家中都安装有热水设施；同时只有一小部分英国家庭有热水管。1931 年，只有 10% 的意大利家庭有浴室；直到 1954 年，不到 10% 的法国人有私人浴室。而在 19 世纪 40 年代，55% 的美国家庭有完整的浴室三件套。究其

19 世纪的美国小孩在公共浴室

原因，新大陆地广人稀，建立浴室成本很低又佣人稀缺，且新兴城市更容易兴建新型的送水装置。或许正因如此，美国文化将个人对清洁的无限制追求发展为现代文明的一个特点：除了每日早上和晚上必要两次洗浴外，还有各种名目繁多的日化用品、漱口水、洗手液、个人气味控制剂……洗浴在现代社会中成为人们雕琢自己的最基本最常见的方式。

洗澡这件事，可以极小，是下班后晚餐前的惬意时光，也可以极大，同公共卫生、现代化社会和世界性传染病等宏大议题有千丝万缕的关联。此外，洗澡作为一种普遍的社会行为，总会在不经意间折射出更深层的社会问题：无论是古罗马还是十八十九世纪的欧洲，上层社会对洗浴的态度更加开放更加轻松，从禁浴到畅所"浴"言的转变迅速完成，并迅速建立了"干净"的话语权。而这种转变在底层就艰难得多：直到 20 世纪上半期，影片《窈窕淑女》中卖花姑娘莉莎，被希金斯博士强令洗澡时还发出阵阵惨叫——要实现一种生活方式的变革，下层人民显然面临着更高的成本负担，需要更谨慎的考量。或许在这个意义上，陶瓷卫浴设施、太阳能和燃气炉们才更加可爱：它们为更多的人更幸福、更有尊严地生活提供了可能。

名家视野

探寻明清秦淮妓女的世界
——大木康专访

采访者|孙洁　马莉雅

　　大木康，1959 年出生于日本横滨。东京大学文学博士。曾任广岛大学文学部副教授、东京大学文学部副教授，现任东京大学东洋文化研究所教授。主要研究中国明清文学、明清江南社会文化史。主要著作有《中国明清时代之文学》《秦淮风月——中国游里空间》《冯梦龙〈山歌〉研究》《明末江南的出版文化》《明清文人的小品世界》等。

大木康

　　编者按："因编集短篇白话小说集'三言'而有声于世、被誉为'明末通俗小说之旗手'的冯梦龙，以其著述之丰富多样、活动范围之广泛开阔，于我而言正是我明清文学研究乃至中国文学研究的'基地'与'瞭望台'。"（大木康《冒襄和影梅庵忆语》中译本）大木康教授从冯梦龙出发，逐步开始研究明清科举、出版以及青楼文化。可以说在这些舞台上，江南文人都是长袖善舞的主角。

　　中国国家历史（以下简称"中"）：大木先生，我们看过您的一些著作和访谈，您对冯梦龙这个人很感兴趣，您产生兴趣的契机是什么？

　　大木康（以下简称"大木"）：我大学一年级刚开始学中文，那个时候读了他编写的"三言"[1]中《卖油郎独占花魁》的故事，非常喜欢。后来又读了"三言"中其他的作品，还有他除此之外的别的著作，感到很有意思，这就是我产生兴趣的契机吧。要说为什么会喜欢上，大概是因为我的性格、趣味和冯梦龙以及他的作品特别契合吧。再后来，我发现冯梦龙在明清文学、通俗文学甚至整个中国文学中占有重要地位，我们研究他，自然也就具有很大的意义。

　　中：通过了解冯梦龙的作品，您又将兴趣扩展到其他人的作品上，对明清江南地区的文人多数都有比较细致的了解。这个文人群体的具体情况是怎样的？他们和同时期的日本文人有何区别？

1 "三言"，冯梦龙所编纂的《喻世明言》《警世通言》和《醒世恒言》。

冯梦龙

1 陈继儒，明代文学家、书画家。年二十九，焚儒衣冠，隐居小昆山之南，绝意科举仕进，其后杜门著述，工诗善文，擅墨梅、山水。有《梅花册》《云山卷》等传世。

2《甲申纪事》，又名为《甲申纪闻》，共十三卷，附录一卷。1644年，即崇祯十七年（又称甲申年），清军进占北京城。福王朱由崧在南京建立弘光小朝廷，史称"南明"。同年九月，顺治帝将北京定为清朝首都。冯梦龙的《甲申纪事》汇集记载甲申之年史事的诸多野史稗乘稍加编辑而成，其中第二、三卷是冯梦龙自己创作而成的。

大木：明代晚期，江南地区的经济非常繁荣。因为有了这种经济基础，才会有很发达的、很高雅的文化。通常中国的知识分子，都是科举考试成功后才能获得名和利；可是明代晚期，出版业比较发达，而且有很多有钱人支持文化事业，这一时期的知识分子就可以不必完全靠科举而生活了。当时有一位松江文人陈继儒[1]，他29岁时放弃科举，主要靠自己各方面的文化造诣和专长来谋生。在明代晚期的江南地区出现了这样一些有趣的人物。

日本江户时代的文人都喜欢学习中国明末文人的样子，也比较热衷于书画鉴赏之类的文人趣味。这个时期的日本和中国的文人很像，但如果说区别，科举制度的有无还是一大不同吧。

中：您对冯梦龙的研究非常深入，冯梦龙曾编写过短篇白话小说集"三言"，还编过《挂枝儿》《山歌》等情爱歌谣集，您研究明末时期的出版文化，冯梦龙是有很大贡献的人物。您从不同的角度，从冯梦龙入手，对当时的社会风尚也有非常深入的研究。冯梦龙编写的一些反映世态的小说，体现出一种平和的、享乐的心态，这与当时社会政权交替、动荡不安的时局形成鲜明的反差，为什么会出现这种情况？

大木：明朝的灭亡是1644年，冯梦龙则是1646年去世，所以他人生的最后两年经历了明朝灭亡这一大事件，那时候他编写了一本书——《甲申纪事》[2]。甲申就是1644年，那年春天李自成攻破北京，崇祯皇帝自缢。那时候没有电视、广播，所以江南人暂时还不知道北京到底发生了什么事情。冯梦龙找了几个从北京逃到江南的人，听他们讲述北京到底发生了什么，并把他们带来的信息记录下来，并整理出版，这完全相当于今天的新闻记者所做的事情。这件事情表明冯梦龙完全理解在当时的情况下，江南人想知道什么。他对大家的心理要求是非常敏感的。晚明时期社会上普遍有一种享乐主义的风气，他编写小说也就努力揣摩和迎合广大读者的口味，因此他的小说或歌谣集有时也体现出那种及时行乐的思想。

李自成

中：中国人讲"才子佳人"，才子要和佳人在一起，但实际上中国的大家闺秀是躲在闺房不出来的，更多时候"佳人"可能是指青楼女子，您觉得为什么中国的"才子"跟青楼女子联系会如此密切？

大木：因为经济的发展，人们的生活水平也越来越高，文人对于妓女的要求也越来越高。以前只要有美貌、会唱歌、会跳舞就行了，但是明代晚期的时候要求她们像文人那样能作诗、会画画等。

中：一般大家闺秀做不了这些事？

大木：比如说冒襄和董小宛之间的故事。董小宛能作诗、会画画，冒襄有正妻，他的正妻不知道能不能做到这些。这些是当时的高级妓女才能做到的。当时的高级妓女文化水平普遍都很高。而到了清代，出现了很多女诗人，她们很多都是大家闺秀。

中：清代为什么会有这么多女诗人呢？

董小宛

大木：女诗人最多的基本上还是江南地区。出现这种情况，肯定有当时男性的思想发生改变的原因。明代的妓女作诗画画很受欢迎，但是家里的太太、女儿有这样的能力也不一定会受到肯定。而到了清代，很多文人也喜爱和称赞自己的太太或者女儿能作诗，他们自己出钱刊刻太太或女儿的诗集，因此，现在看来清代的女诗人就非常多。

中：您是研究出版的，对出版文化应该很了解，明清时代有很多色情文学作品，比如《金瓶梅》、冯梦龙的一些著作等，当时的官方对这些出版物是一种什么态度？

大木：明朝后期的禁书材料比较少见，但是到了清代就有把《金瓶梅》等列为禁书的不少材料。当然明代也有禁书，比如李贽[1]的书，而在小说、戏曲、歌谣等方面，明代官方的管理是比较宽松的，到了清代才严格起来。

中：刚才说的主要是明朝后期的情况，那明朝早期官方是什么态度？

大木：明初有禁止文言小说《剪灯新话》[2]等的材料。可是，我们看不到白话小说被禁的资料。《三国演义》也好，《水浒传》也好，我不知道这些白话小说是不是真的在明初产生，最起码我们看不到它们明初的版本，现在看到的都是明末的版本。在中国文学史上，可以说真正的白话小说的成立应该就是明末的事情，这是一个相当重要的文学现象。

1 李贽，初姓林，名载贽，后改姓李，名贽，号卓吾。明代官员、思想家、文学家，泰州学派的一代宗师。他批判重农抑商，扬商贾功绩，倡导功利价值，著有《藏书》《续藏书》《楚书》等。后被诬下狱，自刎而死。

2《剪灯新话》，明代文言短篇小说，中国十大禁书之一，瞿佑所著。最早在洪武十一年编订成帙，以抄本流行。此书为中国历史上第一部禁毁小说，除摹书普罗男女的畸变离奇隐秘外，其人鬼相恋，"交合之事，一如人间"，亦成为遭禁主要原因之一。作者自己都坦陈此书"近于诲淫，藏之书笥，不欲传出"。

中：我觉得明末白话小说兴盛可能也和政权的衰微有关系，政府没精力去管，反而给了它机会。冯梦龙因为在江南，可能经历的政权动乱不多，所以在早期他主要关注通俗小说，没有像中国传统学者、读书人那样专心于科举。

大木：其实冯梦龙还是很想通过科举考试获得名利的，他好几次应科举考试，但一辈子都没有考上。

中：明清文人平常所接受的是宋明理学，但理学对人的要求和青楼文化是有很大冲突的，您怎样看待这种现象？

大木：其实明末有不少叛逆儒教的文人，如冯梦龙非常崇拜的李卓吾。这也和当时的文化环境、自由宽松的气氛有密切

《水浒传》人物图（林冲）歌川国芳/绘

关系。冯梦龙编集的苏州民歌集《山歌》里面有相当直接、坦率地批判礼教的文字。他为什么编集出版《山歌》？因为他觉得当时有很多读书人丧失了"真情"，他编集出版这本书，希望文人们能够体会真情、恢复真情。

中：您觉得中国的青楼文化和日本的艺妓文化有相似的地方吗？

大木：还是有相似地方的。日本的艺妓，和中国那时的妓女一样，也有高低等级之分。中国古代的高级妓女，如柳如是、董小宛等，她们有很高的文化修养。在日本，高级的艺妓也会写诗画画，也有类似的文化修养。但也有不同的地方。我读董小宛的传记的时候，看到她经常到苏州、杭州、黄山等地，看来她们没有居住地的限制，是比较自由的。

日本艺妓

而在日本，青楼区是官方指定区域，妓女一般不可以走到外面的。这一点差异是很有意思的。

中：我们从您的其他访谈中得知，您经常来南京，南京古城墙在城市的现代化建设过程中受到了不少的破坏，日本在现代化建设中也会遇到相似的问题，您觉得在保护遗产方面，我们应该做些什么？

大木：在日本，比如京都、奈良有很多古老的寺庙，保护得很好，政府已经把这些建筑定为国家级的保护单位，不可以随便拆除或改造，如此它们就可以得到很好的保护。东京的历史比京都短，是比较新的城市，所以没有那么特别老的建筑。1923 年的关东大地震，不少老建筑塌掉或被烧毁，1945 年美军轰炸对老建筑的影响也很大。还有 20 世纪 60 年代的"高度经济成长"和 80 年代"泡沫经济"时期，为了建造新的高楼而拆掉了不少老式建筑。比较古老的、有历史价值的建筑，政府也比较关心，不过，一般的老建筑也很容易被拆掉。

中：您的专业是中国古代文学，但您也做了很多历史学的研究，为

京都的寺庙

什么您要在研究文学的同时也关注历史呢？

　　大木：冯梦龙编集出版了那么多的书，为了了解冯梦龙的出版活动，所以我必须从总体上研究明末江南的出版文化。为了充分了解冯梦龙，我就仔细研究了他生活和创作的环境。我研究青楼文化也是。兴趣的中心还在于文学研究。但是为了研究透彻，必须要做些历史研究。

大众史学及其写作要素¹

文 | 浙江大学　陈红民

1 此文为第一届《中国国家历史》创意写作高级研修班讲稿节选。

应《中国国家历史》主编刘军教授之邀，我来讲述大众史学写作。我准备讲三个部分的内容：第一部分讲历史学的功能和史家的责任，第二部分讲述我所理解的大众史学，第三部分从蒋介石研究的写作谈一谈大众史学写作的要素。

每个时代都有不同的历史学，他们的功能是不一样的，包括现在的大众史学。在 1840 年之前，中国传统史学大致有三种功能：一是记述国家正统，即记录每一个朝代的道统、法统，例如二十四史等正史或官方修史。二是记载功过，特别

陈红民教授

是皇帝或达官贵人的功过，比如有起居注、有实录。每天都有人专门记录，这对于统治者本身的行为有规范作用。三是后代对于前代的记载。随着历史的发展，后代会思考我们要从前代继承什么或者吸取哪些经验教训，正如司马迁所说："究天人之际，通古今之变，成一家之言。"由此可见，历史本身具有国家、王朝传承的意义，这是最重要的意义，即中国史的意义，然后再记载功过，从中吸取经验教训。这三种功能大部分是官方意识，是正史在起作用。在历史长河中很少有人去关注民间，关注普通人的生活，只有少量的笔记文学、小说以及诗歌反映了民众的日常生活。"大众史学"关注的、阅读的对象是下层民众，而不是统治者。传统社会中史官或写史人的作用非常重要，因为他们肩负着国家传承的责任。因此在史学写作中对史家的要求就非常严格，要能"秉笔直书"，要有自己的判断。矛盾的是，虽然所有史书都强调客观真实，秉笔直书，但实际上所有史书在内容选取上都是有主观性的，大部分是用"曲笔"在写历史。

到近代外国入侵以来，中国发生了翻天覆地的变化，历史学的第一、第二种功能在慢慢退化，吸取经验教训的功能却不断增强，并形成一套完整的观念。不是官方史家，而是一批与官方不同的，甚至可以对官方进行批评的人总结整个历史发展进程中的经验教训，且不限于某一位皇帝或某一个朝代。历史学出现了第四种功能，即民间写史，关注下层社会的突飞猛进的发展，例如梁启超从西方回国后提倡"新史学"。随着近代教育、科技的发展，大学的创立，新的史家出现，历史成为一门独立的学科，一批以研究、传授历史，将历史写作作为一

梁启超

种谋生手段和一门职业的人出现了。

大众史学的兴起主要依赖于教育的普及，民众通过学校里专门的历史教育扩展了新知识、新思维。科技的发展使官方、专家单独垄断媒体，发表历史研究成果的状况被打破。在互联网的自媒体时代，每个人都能自由表达自己的意愿，主流意识在现代受到冲击，表达方式改变，为大众史学创造了良好契机，即社会需要了解历史另一面。

在新时代，大众史学的基础功能就是娱乐与消费，过去历史作品是高大上的，只有某些人才能读，而现在，历史变成一种谈资、八卦的消费品和娱乐品。官方注重历史是因为材料，而大众注重历史是由于可以用官方的思维来表达自己对社会的理解，借助历史素材表达自己的观点，让大家共同参与。

历史的娱乐和消费功能，可以从以下方面体现：第一类是历史名人作为重大文化资源。现在争夺文化遗产就是扩大知名度，提高文化软实力，这其实是在消费古人。第二类是许多电影、电视等素材来源于历史。例如好莱坞大电影及国内的《1942》、宫廷戏《甄嬛传》等。第三类是

电影《1942》的原型事件，1942 年河南大饥荒的难民 哈里森·福尔曼 / 摄

历史人物的成败成为今天最好的励志素材。心灵鸡汤以及很多历史文章都要先提及某个历史人物的成与败，名人名言，揭秘名人隐私和出丑的事情以满足普通人窥探历史人物隐私的心理，也是在消费历史。最后，历史成为表达感情、超越自我，甚至影射现实、逃避现实的途径。但是我们不能轻视历史的功能，它安慰了许多人，特别是生活中失意的文化群体，还促进了社会和谐。这是史学消费的重大功能。

贝奈戴托·克罗齐[1]说："一切历史都是当代史。"由于历史多样性和解读者本身的多样性会为历史提供多种可能。我仿造一句：在网络时代，自媒体时代，"每个人都是自己的历史学家"，每个人理解的历史，对他都是真实的历史。每个人对历史的理解都是他想象中的真实的历史，生活背景、文化水平受限只能理解到这一步，不要期望在历史问题上达成共识。没有所谓的"主流"，这是大众史学或公共史学存在的基础。

那么大众史学的目的到底是什么？第一个目的就是研究者是大众，阅读对象也是大众，"人人都是自己的历史学家"。这是第一个层次，也是最基本的，满足个人的需要。第二个层次就是得到一定的共鸣和社会承认，希望自己的劳动、研究得到认可。第三个层次就是研究历史，以此创造出一定的历史作品，同时创造一定的精神和物质的财富。最高的一个层次是我们单独创造一个史学门类，即相对于精英史学，我们创造一个公共史学，将来我们就是一个分支，有自

1 贝奈戴托·克罗齐，意大利著名文艺批评家、历史学家和哲学家。

身明确的研究对象和范围。我个人认为，其实大众史学或者公共史学和学院派的精英史学或者说正史之间没有严格的界限。最好的史学著作，它本身就有大众阅读的需要，超越专家或者专业之外的人阅读，我觉得这就是大众史学。最好的大众史学一定是学术研究也很精深，史料也很丰富，然后用个性化的语言表述，让别人来阅读、理解、接受历史。

关于最后一个部分"从蒋介石研究的写作谈大众史学写作要素"，我们通过了解蒋介石研究与写作，以此联想到大众写作的几个要素。

对蒋介石的研究，在过去革命史的描述里是作为革命的对象、反面人物来叙述的。所以蒋介石研究碰到一个很大的问题，即他本身就是革命的对象。到今天为止，我们的研究存在着三个蒋介石，这是我们处于多元化时代的一个好处。以前，我们只有一个蒋介石，就是陈伯达所写的"人民公敌蒋介石"。现如今，虽然我们不称他"人民公敌蒋介石"，对他的叙述也没有过去那种谩骂，但大学的公共课本《近现代史纲要》的基本叙述还是跟陈伯达一脉相承，说蒋介石早年投机革命，中间镇压共产党，抗战不坚决，最后又向人民挥起了屠刀，发动内战。这是至今为止蒋介石在官方意识形态的色彩。第二个是学术界的蒋介石，现在谁也不能从整体上去做，只能一个问题一个问题地去纠偏。最后一个就是媒体、网络中的蒋介石，基本上对蒋介石评价偏高，说他好话的居多。

通过以上叙述，我认为成功的大众史学写作基本上有六个要素：第一，选题和研究对象必须是重大的选题，是多数人关心的历史问题，而且最好是有争议性的问题或者人物。比如2015年的热门题目抗战、中美关系、中日关系，争议性的人物李鸿章、袁世凯。第二，必须求新。这个求新包括角度新、观点新，自己的观点跟教科书有所不同，或者从熟悉的人、事件里面，找到不为人知的一面。第三，史实必须要准确，想象要合乎史实，合乎真实性。大部分的大众史学，或者公共史学，"想"

的成分太多、推理的成分太多，虽然符合人性、符合当时的环境，但太多的个性化内容充斥在文章中，其他人难以相信你的论断。当然可能有人对你的个性化情有独钟，但考虑到更大的受众，这两个因素至少应该结合起来。第四，文字要优美，节奏要有紧张感。历史本身的跌宕起伏是丰富多彩的，超过任何一部小说或者好莱坞作家的想象。第五，是有问题意识。我们写论文、做研究，首先考虑到的是要解决什么问题。所以要有问题意识，要以小见大，要讲故事。最基本的是你要满足人基本的求知欲、窥探欲、八卦欲。第六，用现代的意识去组织历史。所有历史都是当代史，用现代的概念，把一些历史素材重新组合。例如，蒋介石有强大的人际关系网，与师长、同辈、下属以及知识分子交往广泛，这一人际关系网我们过去称为"人际网络"，现在称为"朋友圈"。

以上所述要素，是一位职业的历史学家应该做到的。大众史学，或者通俗史学，现在学术界也有争论。2013年我们跟哈佛燕京举办了一场"什么是最好的历史学"的论坛，香港学者介绍他们如何在香港推动公众史学，市场前景极其广阔。所以我们一定要回归大众史学写作的目的。我认为"每个人都是自己的历史学家"，而我们需要把"每个人变成大众的历史学家"。

「什么是最好的历史」西湖论坛

《中国国家历史》征稿启事

　　《中国国家历史》是由人民东方出版传媒有限公司（东方出版社）公开出版发行的大众通俗历史读物。《中国国家历史》将"以中国视野，讲述全时空历史"作为创办宗旨，立足于为历史爱好者提供既广泛又深入的历史知识，努力创造出有深度、有广度、有厚度的历史解读方式，带给读者一种全新的阅读体验。

一、稿件内容

　　（一）我们的读者群以大众历史爱好者为主，故我们希望作者在选题方向上能够有如下侧重：

　　1.阐释国内外主流媒体头条新闻或社会热点的历史渊源；

　　2.在确凿实证的基础上，拓展历史叙事的新视野，挑战新论断；

　　3.条分缕析、层层深入、逻辑严密地探索某一历史真相；

　　4.用适当研究步骤和科学研究方法，提出新问题，并给予初步解答；

　　5.对中国大众尚不熟知的国内外重大历史领域进行史学新探索；

　　6.能将当代史学新动态与大众兴趣相结合。

　　除上述文章之外，我们接纳一切具有新意和创见的好作品。

　　（二）在文字叙述上：

　　1.我们希望作品以事实为依据，合理想象，还原真实的历史场景；

　　2.运用移情、细节描写等方法，刻画出栩栩如生、特征鲜明的历史人物形象；

3.叙事通俗易懂、深入浅出、视角新颖，能贴近大众史学阅读水平。

虽然上述标准做起来很难，需要较长时间的写作实践，但我们愿意与作者共同努力，通过编辑与作者的互动，通过"《中国国家历史》创意写作高级研修班"这个平台，通过读者的反馈，逐步建立起这一风格。

二、规范要求

格式上，我们有如下要求：文章篇幅 4000—7000 字为宜。能为文章提供高品质的精美图片，以图叙事、以图证史的文章亦十分欢迎。

为规范排版，请作者在发送稿件时注意以下信息：①文章末尾应加注作者姓名、工作单位、通讯地址、联系方式等个人信息；学术论文应有题名、作者姓名、工作单位（名称，所处地区邮编）等内容；基金项目则应标注作者姓名、出生年月、性别、籍贯、职称、学位、研究方向及项目名称和编号。②文内插图及表格下方应注明序号和图（表）名，插图需标明出处。③列出的参考文献一般应限于作者直接阅读过的、发表在正式出版物上的文献。其他相关注释可用脚注在当页标注。参考文献的著录应执行国家标准 GB7714-87 的规定，采用顺序编码制。④但凡引用他人成果的，必须加以说明。

稿件处理流程：投稿及初审——专家评审——修稿或退稿——会审修改稿件——采用后签订版权转让协议书——编辑加工——发表。

投稿时，请将稿件（WORD 格式）发送到我们的邮箱：zggjls@126.com。来稿一经采用即行通知，稿件寄出三个月后未收到采用通知者，请自行处理。凡来稿请作者自留底稿，恕不退稿。

同时，本刊奉行多样化、包容性的办刊风格，对于具有较高质量的其他风格的稿件，也会妥慎择优录用。

三、稿酬

　　来稿一旦采用，均支付稿酬，根据稿件质量，一般每千字100-300元。如所发论文有较大社会反响，将给作者另付奖励稿酬。

　　凡博览群书、慎思明辨、长于写作的历史爱好者，凡有志于向公众传播历史知识的史学从业者、学生，凡学有余力，愿将自己所想与大众交流的史学方家，皆为我们渴望并欢迎的史学作品源泉。《中国国家历史》将继续坚持"以中国视野，讲述全时空历史"的办刊宗旨，将继续坚持趣味、人文、学术及理性的办刊原则，欢迎一切历史联系现实、人文兼顾理性、叙事创新与学术创新相结合的稿件。我们将着力发现、培养和扶植一批新人新作，同时也欢迎在人文社会科学某些领域有深刻造诣、并善于与公众沟通交流的专业人士投稿并以专题形式组稿。

　　若有其志，还望不吝赐稿。

《中国国家历史》编辑部